Elogios a
Liberte-se da Sua Mente

"Este livro é essencial para qualquer um que busque dominar pensamentos que, às vezes, saem do controle. *Liberte-se da Sua Mente* é o livro que precisamos para nos ajudar nisso. É muito fácil prender nossas mentes em lugares sombrios — insistir, repetir e desejar que as coisas fossem diferentes. Mas remoer coisas difíceis apenas aumenta nosso vazio emocional. Amo a forma como Jennie nos ajuda a enxergar que pensamentos maléficos podem ser superados por nossa fé, começando agora mesmo."

— LYSA TERKEURST, autora best-seller #1 do *New York Times* e presidente do Proverbs 31 Ministries

"Sei por experiência própria a facilidade com que nossos pensamentos tentam roubar nossa fé e nos jogar em uma espiral negativa. *Liberte-se da Sua Mente* lhe equipará com ferramentas bíblicas práticas para assumir o controle de seus pensamentos, para que eles não controlem você."

— CHRISTINE CAINE, autora best-seller e fundadora da A21 e Propel Women

"Tanto eu quanto minha esposa, Heather, lemos este livro e nos beneficiamos muito dele. *Liberte-se da Sua Mente* é repleto de verdades e insights da Palavra de Deus, da vulnerabilidade pessoal e honestidade de Jennie e de sabedorias práticas e encorajamentos para todos nós. Oro e acredito que Deus usará este livro para guardar sua mente e seu coração em Cristo."

— DAVID PLATT, pastor da McLean Bible Church e autor do best-seller *Something Needs to Change*

"Às vezes, a única barreira para o crescimento pessoal e espiritual é nosso pensamento. O novo livro de Jennie Allen nos traz esperança e nos mostra como lidar com os pensamentos negativos que nos sufocam e paralisam. Precisamos ser lembrados diariamente sobre como dominar cada um de nossos pensamentos e sujeitá-los ao Único que pode nos libertar. Este livro é um belo lembrete de que Deus age em toda a bagunça da nossa mente. Deus nos convida a sair de nossas mentes e praticar a presença diária e descansar com Ele."

— LATASHA MORRISON, autora e fundadora da Be the Bridge

"A batalha que ocorre entre suas orelhas determina sua vitória na vida. E posso testificar, em virtude de quanto ela lutou pessoalmente por mim e por gerações de mulheres ao redor do mundo, que não há melhor combatente da fé, guerreira da Palavra e defensora da alma do que Jennie Allen, que se transforma em sua personal trainer nestas páginas práticas e transformadoras, acesas com fogo santo. Ela lhe mostra como diminuir a ansiedade, retomar o domínio mental e conquistar mais territórios para o reino. Pegue seu marca-texto e prepare-se para alcançar a vitória. Você está prestes a se libertar de sua mente e ir para onde seu coração sempre desejou estar."

— ANN VOSKAMP, autora dos livros *The Broken Way* e *One Thousand Gift*, best-sellers do *New York Times*

"Sabe aqueles livros dos quais você compra vinte cópias e distribui para todos que conhece? Pois é, este é um desses livros. Insuperável. Poderoso. Profético. Necessário."

— JEFFERSON BETHKE, autor do livro *Jesus É Maior Que a Religião*, best-seller do *New York Times*

"Alguém pode ler o título do último livro de Jennie Allen — *Liberte-se da Sua Mente: Interrompendo a Espiral de Pensamentos Tóxicos* — e supor que é um livro de psicologia popular do tipo 'pense positivo e ficará tudo bem'. Se for o caso, estará supondo errado. Este livro substancioso e comprobatório realmente envolve o leitor com verdades sobre a Bíblia, teologia, ciência, disciplinas espirituais, saúde mental e, por fim, sobre seguir Jesus. Com honestidade e vulnerabilidade ao compartilhar as próprias confissões e lutas, Jennie escreveu um livro que eu realmente acredito que desafiará, abençoará e fortalecerá todos que o lerem."

— REV. EUGENE CHO, fundador da One Day's Wages e autor de *Thou Shalt Not Be a Jerk*

"Jennie Allen fala muito intensamente com a geração atual e nos ensina de forma muito simples como não permitir que nossas limitações sejam nossa maior história. Jesus > nós. O desejo d'Ele é que nos libertemos de nossas mentes e vivamos vidas profundas de liberdade para Sua glória."

— SHELLEY GIGLIO, cofundadora da Passion Conferences e Passion City Church

"Fico contente que Jennie aborde um tópico difícil que tantos de nós enfrentamos. Renovar nossa mente é essencial para uma vida próspera com Deus. Estas páginas trazem tópicos de ação claros para ajudá-lo a se livrar de sua mente e entrar na jornada da liberdade."

— REBEKAH LYONS, autora de *Rhythms of Renewal*

"Que mensagem pertinente! Em *Liberte-se da Sua Mente,* minha amiga e mentora, Jennie Allen, faz um lindo trabalho de pegar sua mão, guiá-lo àqueles lugares em sua mente que precisam de cura e dar espaço para Jesus quebrar as correntes. Recomendo este livro para todos — especialmente da nossa geração!"

— SADIE ROBERTSON, autora best-seller do *New York Times,* palestrante e fundadora da Live Original

"Jennie Allen tem sido uma voz de confiança em minha vida há anos. Ela é sábia, gentil e ama Jesus com uma paixão contagiante que raramente se vê. Ela também é maravilhosa na forma como ama as pessoas e se dedica a questões difíceis. Você encontrará uma imensidão de amor e verdade nestas páginas. Este livro não apenas mudará a forma como você pensa, como também alterará a forma como você vive."

— BOB GOFF, autor dos livros *O Amor Faz* e *Everybody, Always,* best-sellers do *New York Times*

LIBERTE-SE DA SUA MENTE

LIBERTE-SE DA SUA MENTE

Interrompendo a Espiral de Pensamentos Tóxicos

JENNIE ALLEN
Autora best-seller do *New York Times*

ALTA BOOKS
GRUPO EDITORIAL
Rio de Janeiro, 2023

Liberte-se da Sua Mente

Copyright © 2023 da Starlin Alta Editora e Consultoria Eireli.
ISBN: 978-65-5520-334-9

Translated from original Get Out Your Head. Copyright © 2020 by Jennie Allen. ISBN 978-1-60142-964-3. This translation is published and sold by permission of Good News Publishers, the owner of all rights to publish and sell the same. PORTUGUESE language edition published by Starlin Alta Editora e Consultoria Eireli, Copyright © 2023 by Starlin Alta Editora e Consultoria Eireli.

Impresso no Brasil — 1ª Edição, 2023 — Edição revisada conforme o Acordo Ortográfico da Língua Portuguesa de 2009.

Todos os direitos estão reservados e protegidos por Lei. Nenhuma parte deste livro, sem autorização prévia por escrito da editora, poderá ser reproduzida ou transmitida. A violação dos Direitos Autorais é crime estabelecido na Lei nº 9.610/98 e com punição de acordo com o artigo 184 do Código Penal.

A editora não se responsabiliza pelo conteúdo da obra, formulada exclusivamente pelo(s) autor(es).

Marcas Registradas: Todos os termos mencionados e reconhecidos como Marca Registrada e/ou Comercial são de responsabilidade de seus proprietários. A editora informa não estar associada a nenhum produto e/ou fornecedor apresentado no livro.

Erratas e arquivos de apoio: No site da editora relatamos, com a devida correção, qualquer erro encontrado em nossos livros, bem como disponibilizamos arquivos de apoio se aplicáveis à obra em questão.

Acesse o site **www.altabooks.com.br** e procure pelo título do livro desejado para ter acesso às erratas, aos arquivos de apoio e/ou a outros conteúdos aplicáveis à obra.

Suporte Técnico: A obra é comercializada na forma em que está, sem direito a suporte técnico ou orientação pessoal/exclusiva ao leitor.

A editora não se responsabiliza pela manutenção, atualização e idioma dos sites referidos pelos autores nesta obra.

Dados Internacionais de Catalogação na Publicação (CIP) de acordo com ISBD

A4251   Allen, Jennie
Liberte-se da Sua Mente: Interrompendo a espiral de pensamentos tóxicos / Jennie Allen ; traduzido por Luciana Ferraz. - Rio de Janeiro : Alta Books, 2023.
256 p. ; 16cm x 23cm.

Tradução de: Get Out Your Head
ISBN: 978-65-5520-334-9

1. Autoajuda. 2. Mente. I. Ferraz, Luciana Título.

2022-2356
CDD 158.1
CDU 159.947

Elaborado por Vagner Rodolfo da Silva - CRB-8/9410

Índice para catálogo sistemático:
1. Autoajuda 158.1
2. Autoajuda 159.947

Produção Editorial
Grupo Editorial Alta Books

Diretor Editorial
Anderson Vieira
anderson.vieira@altabooks.com.br

Editor
José Ruggeri
j.ruggeri@altabooks.com.br

Gerência Comercial
Claudio Lima
claudio@altabooks.com.br

Gerência Marketing
Andréa Guatiello
andrea@altabooks.com.br

Coordenação Comercial
Thiago Biaggi

Coordenação de Eventos
Viviane Paiva
comercial@altabooks.com.br

Coordenação ADM/Finc.
Solange Souza

Coordenação Logística
Waldir Rodrigues

Gestão de Pessoas
Jairo Araújo

Direitos Autorais
Raquel Porto
rights@altabooks.com.br

Produtor Editorial
Thiê Alves

Produtores Editoriais
Illysabelle Trajano
Maria de Lourdes Borges
Paulo Gomes
Thales Silva

Equipe Comercial
Adenir Gomes
Ana Carolina Marinho
Ana Claudia Lima
Daiana Costa
Everson Sete
Kaique Luiz
Luana Santos
Maira Conceição
Natasha Sales

Equipe Editorial
Ana Clara Tambasco
Andreza Moraes
Arthur Candreva
Beatriz de Assis
Beatriz Frohe

Betânia Santos
Brenda Rodrigues
Caroline David
Erick Brandão
Elton Manhães
Fernanda Teixeira
Gabriela Paiva
Henrique Waldez
Karolayne Alves
Kelry Oliveira
Lorrahn Candido
Luana Maura
Marcelli Ferreira
Mariana Portugal
Matheus Mello
Milena Soares
Patricia Silvestre
Viviane Corrêa
Yasmin Sayonara

Marketing Editorial
Amanda Mucci
Guilherme Nunes
Livia Carvalho
Pedro Guimarães
Thiago Brito

Atuaram na edição desta obra:

Tradução
Luciana Ferraz

Copidesque
Alberto Streicher

Revisão Gramatical
Vanessa Schreiner
Aline Vieira

Diagramação | Capa
Joyce Matos

Editora afiliada à: ASSOCIADO

ALTA BOOKS
GRUPO EDITORIAL

Rua Viúva Cláudio, 291 — Bairro Industrial do Jacaré
CEP: 20.970-031 — Rio de Janeiro (RJ)
Tels.: (21) 3278-8069 / 3278-8419
www.altabooks.com.br — altabooks@altabooks.com.br
Ouvidoria: ouvidoria@altabooks.com.br

Ao sujeito que sempre me liberta de minha mente.

Zac Allen, você me resgata de mim mesma constantemente e sempre me guia em direção a Jesus. Amo você e gosto de você.

Transformai-vos pela renovação da vossa mente.
— Romanos 12:2

Isso significa que é possível.

Agradecimentos

Já escrevi alguns livros, e este foi um milhão de vezes mais difícil. Talvez em virtude da guerra que precisei lutar pessoalmente, não somente para escrever este livro, mas para vivê-lo. Ou talvez porque isso importe demais e o inferno seja contra ele. Independentemente do motivo, não teria conseguido passar por esse processo sem o pequeno exército que Deus colocou em minha vida, não somente para me ajudar a fazer o que Ele me chamou a fazer, porém, mais importante do que isso, para me ajudar a viver da forma como Ele me chamou a viver.

Antes de tudo vem Deus. Você lutou por mim quando nada além de Você poderia me salvar. Obrigada por me libertar não apenas de meus pecados, mas dos hábitos tóxicos em que havia caído e nem percebi. Jamais compreenderei o grande sangue redentor de Jesus Cristo e que Você salvaria uma miserável como eu.

Zac, você é o melhor companheiro que eu poderia sonhar em ter; nada disso existiria sem sua ajuda: desde me mandar para retiros de escrita enquanto cuidava das caronas, das lições de casa e das refeições, até me confortar quando tive dúvidas e medos e acreditar nesta missão que Deus colocou em nossas vidas. Como você sempre diz, receberá todo o crédito no céu. Todos sabemos que isso é verdade.

A meus filhos, Conner, Kate, Caroline e Cooper, que parecem jamais lamentar este chamado custoso. Na verdade, vocês não apenas não lamentam, como também comemoram e apoiam tudo o que faço. Assisti enquanto Deus os fazia amadurecer, deixando de ser pessoas que precisam de mim para se tornarem pessoas que me desafiam diariamente. Vocês são algumas de minhas pessoas preferidas no mundo; que sorte poder ser sua mãe.

Chloe Hamaker, você acredita em mim mais do que acredito em mim mesma. Isso não é um emprego para você; é um chamado. Então acho que preciso agradecer a Deus por chamá-la, pois Ele sabia que eu não seria capaz de ministrar sem você. Você é meu Arão, segurando meus braços levantados enquanto realizo esta missão assustadora. Suas digitais estão por todo o livro. Obrigada por me ajudar a transformá-lo em algo útil, geralmente no meio da noite.

Lysa TerKeurst, você e sua equipe me ajudaram a acreditar na mensagem deste livro! Saí de seu escritório aquele dia focada e certa de que Deus poderia usar este livro para ajudar as pessoas. Obrigada por dedicar tempo a nós.

Ashley Wiersma, estava com medo de permitir que alguém estivesse no processo de escrita comigo. Mas sabia por todas as outras partes de minha vida que uma equipe nos torna melhores. Sabia que ficar sozinha com meus pensamentos e meu computador não era a melhor forma de produzir este livro. Obrigada por me tornar uma escritora melhor e por assistir pacientemente enquanto Deus construía o que Ele queria que existisse aqui.

Laura Barker, sempre digo que você deveria estar na capa dos meus livros como coautora, pela seriedade de sua edição. É sempre doloroso quando estamos em meio a um processo, mas você me torna uma escritora melhor e tornou este livro mais claro e forte. Para você, obviamente não é apenas um trabalho. Você é apaixonada, e sinto-me honrada por termos trabalhado juntas neste projeto.

Curtis, Karen e Yates & Yates, muito além de serem nossos agentes, são nossos amigos. Zac e eu confiamos em vocês e os valorizamos cada vez mais ao longo dos anos. Vocês enxergaram a mão de Deus em minha vida quando quase ninguém enxergava. Acreditaram em mim e entraram de cabeça. Jamais conseguirei agradecer o suficiente pela provisão de Deus em me dar uma equipe como vocês.

Caroline Parker, você sustentou algumas das partes mais importantes de nossas vidas para que este livro pudesse existir. Obrigada por servir incessantemente à nossa família e nos tornar mais sãos. Obrigada por transcrever boa parte de minhas palavras, para que eu não tivesse que começar este livro do zero e por pesquisar e debater comigo a respeito de tantas ideias. Você torna a vida e o trabalho mais divertidos!

Equipe da IF:Gathering (Brooke, Jordyn, Amy, Lisa, Aly, Kali, Katy, Traci, Hannah M., Kristen, Kayley, Caroline, Morgan, Hannah R. e outros), vocês me ajudaram a colocar a mensagem em prática, me animaram e oraram por mim quando estava longe, escrevendo. Obrigada por me permitir exercitar estas verdades constantemente entre vocês. Obrigada por me perdoarem e me permitirem ser uma líder imperfeita. E por manterem a IF:Gathering aberta e funcionando enquanto eu estava me afogando na escrita.

À minha igreja-mãe, Watermark, obrigada por me permitir ensinar isso em campo com vocês. Aprendi tanto enquanto mergulhávamos em Paulo, em suas palavras e em sua vida. Sem aquelas seis semanas juntos, este livro não existiria. Mas também sei que, sem a comunidade, o ensino e a responsabilidade que recebo aqui, jamais poderia fazer o que faço. Obrigada por me apoiar de tantas formas.

Sou abençoada por ter amigos e familiares queridos que entendem e apoiam o que faço. Coach e vovó, mamãe e papai, Ashley e Pete, Brooke e Tony, Katie e Aaron, viver a vida no contexto de uma família saudável foi importantíssimo. Sou muito grata por ter uma família tão temente a Deus e solidária. A meu pequeno grupo e demais amigos, novos e velhos, vocês são intensos e divertidos e fazem o ministério e a vida valerem a pena para mim. Obrigada por não desistirem de mim.

Equipe da WaterBrook (Tina, Campbell, Laura B., Ginia, Johanna, Bev, Lori, Mark, Laura W. e Kelly), vocês acreditaram em mim desde o primeiro dia, e trabalhei para espalhar esta mensagem o mais distante possível. Vocês são pessoas apaixonadas que obviamente trabalham para a glória de Deus e para o bem das pessoas. Não menosprezo um lugar à sua mesa. Obrigada por me oferecerem um e por sonharem alto neste trabalho.

Sumário

Parte Um
TODOS OS PENSAMENTOS

1. Pensando Sobre Pensar   3
2. Em Que Acreditamos   13
3. Saindo da Espiral   21
4. Libertando-me   27
5. Onde os Pensamentos São Capturados   37
6. Faça a Mudança   49

Parte Dois
DERROTANDO OS INIMIGOS DA NOSSA MENTE

7. Traçando Linhas de Combate   61
8. Reservando Espaço para o Silêncio   69
   Escolho Aquietar-me com Deus
9. Salvação   89
   Escolho Ser Conhecida
10. Destemida   111
    Escolho Render Meus Medos a Deus

11. Uma Bela Interrupção   129
Escolho Deleitar-me em Deus

12. Menos Importante   147
Escolho Servir a Deus e ao Próximo

13. Não Derrotada   169
Escolho Ser Grata

14. Corra Sua Corrida   187
Escolho Buscar o Bem dos Outros

Parte Três
PENSANDO COMO JESUS PENSA

15. Quem Você Pensa Que É?   205

16. Pensamentos Perigosos   219

Notas   227

Parte Um

TODOS OS PENSAMENTOS

1

Pensando Sobre Pensar

"*LEVE CATIVO TODO PENSAMENTO.*" DIZEM QUE OS AUTORES ESCRE- vem livros por dois motivos: ou o autor é especialista no assunto, ou o assunto deixa o autor desesperado o suficiente para passar anos buscando respostas. O último definitivamente me descreve.

Esta manhã acordei com a intenção de escrever para você. *Mas primeiro*, pensei, *preciso passar um tempo com Deus.* Então o que fiz? Peguei meu celular. Percebi que tinha um e-mail sobre algo em que estava trabalhando, cujo remetente fazia críticas "construtivas" a meu trabalho. Assim que decidi deixar o celular de lado, outra coisa chamou minha atenção... sem que eu percebesse, estava no Instagram, comparando as vitórias e as glórias dos outros com meu trabalho em andamento, que parecia não estar à altura. Depois de minutos no celular, decidi que era uma escritora insatisfatória, que estava desperdiçando minha vida em busca de coisas sem significado porque não sou nada, não tenho nada a dizer. Estava entrando rapidamente numa espiral de desânimo.

Então meu marido, Zac, chegou feliz após ter se encontrado com Deus, e estourei com ele. Minha espiral começou a girar mais rápida e caoticamente. Em menos de uma hora, eu havia me diminuído, criticado todo meu trabalho, decidido abandonar o ministério, ignorado Deus e afastado meu maior defensor e amigo.

Uau. Parabéns, Jennie. E isso foi só esta manhã? Agora quer me ajudar com meus pensamentos caóticos?

Bem, entendo você. E imagino que lutarei contra isso por toda minha vida. No entanto, em virtude das descobertas que posso compartilhar aqui com você, em vez de minha espiral roubar um dia, uma semana, alguns anos... depois de apenas uma hora nela, houve uma mudança em meu pensamento.

Não fiquei paralisada. Estou livre, alegre e escrevendo para você.

Quero que saiba que você também não precisa ficar presa. Deus construiu um caminho para nós escaparmos da espiral descendente. Mas raramente o trilhamos. Compramos a mentira de que somos vítimas de nossos pensamentos, em vez de guerreiras armadas para lutar na linha de frente da maior batalha da nossa geração: a batalha por nossa mente.

O apóstolo Paulo entendeu a guerra que acontece em nossos pensamentos, como nossas circunstâncias e imaginações podem tornar-se armas que abalam nossa fé e esperança. A Bíblia registra sua declaração ousada de que devemos "levar cativo todo pensamento à obediência de Cristo".[1]

Levar todo pensamento cativo? Isso é possível? Você já tentou fazer isso?

Certa vez um pássaro entrou em nossa pequena casa e não conseguiu encontrar uma saída. Demorou mais de uma hora para que a família toda, trabalhando junta, conseguisse pegar aquele pardalzinho bobo. Atirar em um pássaro com uma arma de ar comprimido? Fácil. Mas capturar um pardal descontrolado, debatendo-se pela casa, foi uma tarefa totalmente diferente, quase impossível.

Quão impossível seria, ainda, capturar um pensamento descontrolado em curso? Ainda assim, o livro em que baseio minha vida está me mandando capturar *todos os meus pensamentos, cada um deles*?

Deus está falando sério?

Isso seria sequer possível? Porque, sinceramente, meus pensamentos são mais descontrolados do que aquele pardal hiperativo.

E os seus também. Vejo o mesmo caos em seus olhos e nos de quase toda mulher que encontro. Como a jovem que se sentou à minha frente esta semana em meio a tanta dor, afogando-se na ansiedade contra a qual vem lutando há dois anos. Ela olhou para mim, implorando: "Ajude-me. Diga-me o que fazer!"

"Não quero viver ansiosa", disse ela. "Estou fazendo terapia. Participo do estudo bíblico. Estou disposta a tomar remédios. Quero confiar em Deus. Por que não consigo mudar? Por que me sinto tão presa nisso?"

Puxa vida, me identifiquei com ela e lutei contra as mesmas coisas.

É incrível se você parar para pensar: Como algo que não conseguimos enxergar pode ser capaz de controlar tanto quem somos, determinar o que sentimos, o que fazemos e o que dizemos ou não, ditar como nos movemos ou dormimos e informar o que queremos, o que odiamos e o que amamos?

Como pode aquilo que abriga todos esses pensamentos — nada além de uma porção de tecido enrugado — abrigar muito do que nos torna quem somos?

Aprender a capturar nossos pensamentos importa. **Porque a forma como pensamos molda como vivemos.**[2]

Os Padrões Que Nos Mantêm Presos

O tema neurociência vem me cativando há anos, desde que uma de minhas brilhantes filhas começou a me ensinar a respeito da ciência do cérebro. Quando Kate estava no 7º ano — atualmente está começando o ensino médio —, ela chegou em casa uma tarde e contou a todos nós — seus dois irmãos, sua irmã, meu marido, Zac, e eu — que algum dia ela curaria a doença de Alzheimer.

Nós rimos, mas, depois de anos, ela ainda lê livros e artigos sobre o assunto, ouve todas as TED Talks sobre cérebro e compartilha pesquisas comigo. Coisas como...

Você sabia que foram descobertas mais coisas a respeito de nossa mente nos últimos 20 anos do que em todo o tempo antes disso?

Você sabia que entre 60% e 80% das consultas a médicos de atenção primária existe um componente relacionado ao estresse?[3]

Você sabia que pesquisas mostram que "entre 75% e 98% das doenças mentais, físicas e comportamentais estão relacionadas à vida mental da pessoa"?[4]

Você sabia que, com o que sabemos hoje sobre o cérebro, quando as Escrituras falam sobre o coração, elas podem, na verdade, estar falando sobre a mente e as emoções que experimentamos em nosso cérebro?

Bem, não, Kate, eu não sabia. Mas isso é muito interessante.

A verdade é que, *de fato*, considero isso muito interessante.

Em algum momento, a fascinação de Kate se tornou a minha também, porque ela me ensinou que o que está aprendendo na ciência também está por toda minha Bíblia, e que muitas das verdades da Bíblia a respeito de nossa vida mental foram respaldadas pela ciência. Isso tudo tornou-se cada vez mais importante para mim, conforme me apegava à ideia de que assumir o controle de nossa mente poderia ser a chave para encontrar paz em outras partes de nossa vida.

Durante anos estive mergulhada na direção da IF:Gathering, a organização que creio que Deus tenha me induzido a iniciar para discipular mulheres e formá-las para discipular outras. Amo nossa comunidade, nossas reuniões e o impacto que parecíamos estar causando, mas, ao longo do tempo, percebi uma tendência perturbadora entre as mulheres que eu amava e servia diariamente.

Elas se sentiriam culpadas durante um evento ou enquanto estivessem trabalhando com nossos recursos de discipulado e entregariam completamente suas vidas a Jesus. Elas se elevariam nas asas dessa decisão por uma semana, um mês, às vezes até um ano ou dois. No entanto, em algum momento, acabariam, inevitavelmente, escorregando em hábitos e padrões de vida antigos. Talvez você saiba exatamente do que estou falando.

Talvez, neste momento, esteja pensando naquele relacionamento tóxico do qual finalmente se libertou, mas que, num momento de fraqueza, reatou.

Ou finalmente esteja em paz a respeito de uma época sombria de sua vida — mas, agora, suas emoções voltaram a entrar na espiral descendente, e tudo o que você faz é reclamar.

Ou foi confrontada acerca de seu vício em pornografia e parou, mas acabou escorregando de volta no hábito semanas depois.

Ou, ainda, reconheceu um padrão de sempre criticar seu cônjuge, abandonou esse hábito e começou a mudar de verdade... logo antes de retornar ao início do ciclo.

Por que, refleti, *as mudanças que tantas mulheres querem desesperadamente fazer não perduram por muito tempo?*

E por que ainda lutava com alguns dos mesmos medos, padrões negativos e outros pecados contra os quais lutava há anos?

Mesmo quando eu observava esse efeito bumerangue em um nível mais amplo, também estava me relacionando com amigas queridas, mulheres que conhecia bem, que pareciam lutar contra as mesmas questões ano após ano. Cada vez que nos reuníamos, eu ouvia a mesma história quinhentas vezes.

O que as impedia de prosperar? Por que elas não conseguiam se libertar? As descobertas de Kate, ao longo de seus estudos sobre o cérebro, sugeriram uma forte possibilidade:

Está tudo em nossa mente.

Quebrando a Espiral

Há muito que não sabemos sobre o cérebro. Mas também é verdade que, como diz Kate, aprendemos mais sobre o cérebro nos últimos 20 anos do que sabíamos durante os 2 mil anteriores. Já acreditamos que a mente era algo imutável. O cérebro com o qual você nasceu e a forma como ele funcionava — ou não — eram "o que eram"; não faz sentido preocupar-se com algo que não pode ser transformado. Atualmente sabemos que **o cérebro se transforma constantemente, independentemente de nossa vontade.**

Na esperança de descobrir como as mulheres podem se libertar de seus padrões problemáticos, comecei pegando livros estimulantes sobre a mente, sobre a neurociência e sobre como a verdadeira mudança acontece. Assisti a TED Talks que Kate me indicou a respeito de nossa plasticidade cerebral.

Ouvi a podcasts sobre o cérebro. Assisti a documentários sobre o cérebro. E conversei com pessoas a respeito do cérebro.

Comecei a enxergar um padrão acontecendo em muitos de nós. Nossas emoções estavam nos levando a determinados pensamentos; estes estavam ditando nossas decisões, as quais estavam determinando certos comportamentos; os comportamentos, por sua vez, estavam moldando nossos relacionamentos, e tudo isso estava nos levando a pensamentos saudáveis ou maléficos.

E lá vamos nós, caindo na espiral, aparentemente fora de controle, com nossa vida sendo definida por esse ciclo sem fim.

É deprimente.

A menos que... exista uma forma de interrompê-lo.

Quantas de nós estamos gastando toda nossa energia em conversas, terapias e orações, tentando mudar aquilo que é mais visceral em nós — nossas emoções — e, ainda assim, sem sucesso?

Se você estiver triste e eu lhe disser para parar de se sentir triste, vai surtir algum efeito?

EMOÇÃO

PENSAMENTO

COMPORTAMENTO

RELACIONAMENTOS

CONSEQUÊNCIA

E se, em vez de gastar nossa energia tentando consertar os sintomas, fôssemos direto à raiz do problema, ainda mais fundo do que as emoções que parecem dar início a nosso ciclo? A realidade é que nossas emoções são um subproduto de outra coisa.

Elas são um subproduto da forma como pensamos.

O lado bom dessa notícia é que podemos mudar nossos pensamentos. A Bíblia nos diz isso. "Não vos conformeis com este mundo", diz um versículo, "mas transformai-vos pela renovação da vossa mente."[5]

Meu mergulho profundo nos mecanismos internos do cérebro confirmaram o que a Bíblia diz: podemos levar todo pensamento cativo. Não somente nossos pensamentos podem ser alterados, como *nós* podemos ser responsáveis por alterá-los.

O problema é que entramos nessa espiral, geralmente sem saber aonde nossos pensamentos podem nos levar. O famoso teólogo puritano John Owen disse que o objetivo do inimigo em cada pecado é a morte. Suas palavras exatas foram: "Mate o pecado ou ele matará você".[6] É hora de lutarmos.

O ser humano médio tem mais de 30 mil pensamentos por dia. Destes, há tantos negativos que "segundo pesquisadores, a grande maioria das doenças que nos acometem hoje são resultado direto de uma vida mental tóxica".[7]

A espiral é real e mais repleta de pensamentos do que parecemos conseguir administrar.

Mas e se em vez de tentar carregar todo pensamento cativo carregássemos apenas um pensamento cativo?

E se eu lhe dissesse que um pensamento bonito e poderoso poderia tornar melhor essa espiral caótica de nossa vida... todas as vezes que você tivesse esse pensamento? E se você conseguisse se apegar a uma verdade que pudesse acalmar a enxurrada de mentiras que a deixaram sentindo-se impotente diante de seu cérebro?

Algo em que pensar. Você seria capaz disso? Esse pensamento existe. Falaremos mais a respeito dele.

Entendo que, apesar da natureza simples do meu pedido — que você assuma uma verdade na qual concentrar sua mente —, realizá-lo não é simples. Por quê? Porque está acontecendo um verdadeiro ataque naquelas rugas de tecido que a tornam quem você é. **Uma grande batalha espiritual de nossa geração está sendo travada entre nossas orelhas.**

Aquilo em que acreditamos e o que pensamos importa, e o inimigo sabe disso. Ele está determinado a entrar em sua cabeça para desviá-la de fazer o bem e para jogá-la tão fundo a ponto de sentir-se impotente, sobrecarregada, paralisada e incapaz de levantar-se para fazer diferença no reino de Deus.

Mesmo que você seja daquelas pessoas que não fica paralisada e continua amando Deus e as pessoas no dia a dia, um milhão de pensamentos tóxicos a assombram a cada passo.

Quer você se sinta paralisada ou apenas atormentada por um descontentamento insistente, eis minha declaração em favor de você e de mim:

Não mais.

E digo "em favor de você e de mim" por um motivo. A grande ironia é que, enquanto eu achava que Deus estava me guiando para essa grande informação revolucionária — como minhas amigas poderiam curar sua mente ao curar seu cérebro e ao pensar mais cuidadosamente sobre seus pensamentos —, para que pudesse ajudar a todos, o que eu nem imaginava na época era que eu mesma estava prestes a precisar dessa cura.

2

Em Que Acreditamos

"**PELO MENOS NÃO SOU BURRO COMO ELA.**"

Essas palavras foram ditas pelas minhas costas por Derek durante minha aula de biologia no 2º ano do ensino médio.

Derek tinha três vezes o tamanho de qualquer outro garoto estranho de 15 anos da minha sala; era um cara que todos temiam. Eu era uma estudante tímida e quieta que mal abria a boca. Como ele podia me achar burra? O fato era que eu *não era* burra. Só tirava nota 10; de vez em quando eu tirava 9 sem me esforçar — mesmo nas matérias mais difíceis.

Vejo novamente aquela garota do 2º ano, sentada na grande bancada do laboratório de ciências, e gostaria de poder pôr a mão em seu rosto e lhe dizer o quanto ela não é burra, mas não sei se ela ouviria. Uma hora após ouvir Derek dizer aquilo, aquelas ruguinhas de tecido entre suas orelhas já haviam criado inúmeros argumentos contra seu valor, sua confiança, seu intelecto e seu potencial que ressoariam em sua mente pela próxima década.

Recém-formada na faculdade, em jornalismo, eu estava fazendo uma entrevista para uma vaga em um canal de notícias. Dois homens que trabalhavam lá levaram eu e minha amiga para jantar. Eles não queriam falar sobre a vaga; queriam nos conhecer. Ao perceber que estavam dando em cima de nós, fiquei ali pensando, *Jamais serei levada a sério pelos homens nesse mercado*. Aquele pensamento me fez acreditar que eu não tinha nada a oferecer como mulher ao mercado. Criei argumentos contra minha educação, formação e meus dons que me afetariam por muitos anos.

Eu e meu marido tivemos uma de nossas primeiras brigas de verdade como recém-casados. Ele me ignorou, e eu bati algumas portas com bastante força. Ele superou, mas eu não parava de pensar, *Ele não me ama de verdade.* Minha mente começou a criar argumentos contra nosso casamento.

Depois de perder a calma com meu filho de 8 anos, deitei na cama aquela noite e fiquei pensando, *Estou fracassando como mãe.* Durante anos, por vezes aquele pensamento conseguia se entranhar em minha mente.

O fato é que sempre acreditei em mentiras. E não somente acreditei nelas, como também construí capítulos inteiros de minha vida com base nelas.

Tenho quase certeza de que você também.

Mentiras Em Que Acreditamos

Minha amiga Christina, que é terapeuta, me contou que os princípios da psiquiatria ensinam os terapeutas que, quando você e eu escolhemos acreditar em uma mentira a respeito de nós mesmas, será em uma destas três que acreditaremos:

Sou incapaz.

Não tenho valor.

Não sou digna de ser amada.

Em um reflexo, tentei provar que ela estava enganada: "Sério, Christina? Apenas *três*?" E lhe disse que costumava acreditar em 300 mentiras a meu respeito — em um dia.

"Não", disse ela. "Cada uma dessas 300 mentiras se encaixa em uma dessas três."

Pelo bem da discussão, suponhamos que Christina esteja certa. A pergunta que tenho para você é: Com qual dessas três *você* mais se identifica?

Existe alguma a que você seja mais vulnerável?

Essas mentiras — *sou incapaz, não tenho valor, não sou digna de ser amada* — moldam nosso pensamento, nossas emoções e a forma como reagimos diante do mundo ao nosso redor. Elas nos prendem em seu ciclo de distração, distorção e dor, não nos permitindo reconhecer a verdade em que devemos acreditar. Pior ainda, mudam a forma pela qual enxergamos Deus. **Cada mentira em que acreditamos sobre nós mesmas está enraizada em nossa crença em relação a Deus.**

Digamos que eu esteja inclinada a me sentir sem valor e invisível. E digamos que eu leia Efésios e aprenda que Deus, porque me ama profundamente, me escolhe e me adota.[1] Mesmo que eu não negue abertamente a validade dessa premissa, ainda duvido que seja verdade para mim. Reconheço a verdade, mas jamais a absorvo completamente e permito que molde minha identidade.

Digamos que eu seja casada com alguém que costuma se distrair com o trabalho. Não me sinto vista em nosso casamento, o que confirma meu medo arraigado de que, de fato, sou invisível e não tenho valor. Assim, mesmo nas discussões mais bobas com meu marido, sinto-me ansiosa e entro na espiral toda vez que ele é grosseiro comigo.

Não consigo mensurar tudo o que ele carrega em seus ombros, não consigo me solidarizar com seus estresses, e minhas necessidades excedem a habilidade que ele tem de supri-las.

Logo estaremos brigando constantemente, sem saber ao menos por quê.

Então, em minha cabeça, meu marido se torna meu inimigo e parece nunca dizer o que preciso ouvir ou ser quem necessito que ele seja.

E a espiral dos meus pensamentos, agora, invadiu meu relacionamento e me roubou a alegria e a paz.

Nenhum ser humano jamais deve ser a pessoa que preenche nossa alma ou define nosso valor. Apenas Deus é capaz disso. Mas até que eu me desfaça da mentira de que o amor de Deus não é para mim, minhas emoções, decisões, meus comportamentos e relacionamentos continuarão deturpados pela falsa crença de que não tenho valor.

Quando começamos a pensar a respeito de nossos pensamentos, talvez pela primeira vez somos capazes de interromper a espiral descendente. Podemos redefini-los e redirecioná-los. Essa é nossa esperança. Não que lutaríamos com cada um de nossos medos, mas permitiríamos que Deus assumisse tanto espaço em nosso pensamento que eles se encolheriam perante Ele. Amo a citação de A. W. Tozer, que diz que, se Deus for "exaltado… mil problemas menores serão resolvidos ao mesmo tempo".[2] Coloque meu nome aí. Quero alcançar isso.

Quer saber um segredo? Podemos ter isso. Mas, por favor, saiba que o inimigo de nossa alma não tem a intenção de abrir mão de nossa mente sem lutar. E deixe-me dizer uma coisa, ele não joga limpo.

Estamos começando a nos conhecer, e estou prestes a lhe contar algumas das piores experiências de inferno mental que já experimentei. Estou preparando você agora porque é pesado, e eu não gosto muito disso. Gosto de coisas divertidas e alegres. Mas, se eu não lhe mostrar minha escuridão, então pode ser que você não acredite quando eu disser que vale muito a pena o esforço de enfrentar nossos pensamentos mais profundos, acreditando que Deus pode trazer vida e paz.

Sei que isso é possível, essa mudança em nossos pensamentos e, consequentemente, nossa vida. Sei porque aconteceu comigo.

No entanto, antes que eu descobrisse o pensamento que nos leva da turbulência à paz, sofri um ataque generalizado do inimigo.

Sob Ataque

Era minha primeira visita em meses à minha casa em Little Rock. Enquanto viajava no banco do passageiro do SUV branco da minha mãe, identificava antigos marcos familiares: minha antiga escola, o restaurante Chili's que eu e minhas amigas frequentávamos depois dos jogos de futebol e basquete, e a piscina na qual eu nadei durante minha infância e adolescência. Isso me lembrou quão reconfortante pode ser voltar para casa.

Logo chegamos ao nosso destino: uma igreja Batista onde eu tinha duas palestras agendadas, com um evento de autógrafos entre elas.

Durante minha primeira palestra, dei meu melhor para as mulheres sentadas à minha frente. Fui ousada e clara em minha apresentação da mensagem do evangelho. "Existe um inimigo real com demônios à disposição", disse às milhares de mulheres reunidas. "Ele quer abatê-las. Está determinado a roubar sua fé." Supliquei a elas que experimentassem a liberdade que Cristo oferece e que se recusassem a passar a vida como sonâmbulas.

Depois disso vieram os autógrafos, com o esperado rebuliço. Em seguida, de alguma forma, fiquei totalmente sozinha, algo que tento evitar em grandes eventos, para minha segurança. As participantes já tinham retornado a seus lugares no auditório, as organizadoras da conferência estavam alvoroçadas, cuidando dos detalhes, e toda a equipe estava em suas posições. Lá estava eu no saguão, somente eu e mais uma pessoa, uma mulher de aparência gentil que eu não conhecia.

Percebi que precisava entrar e encontrar meu lugar antes da próxima sessão, que já estava prestes a começar. Dei dois passos em direção ao auditório quando, repentinamente, aquela mulher de aparência gentil apareceu em minha frente. Sua expressão se fechou, seu sorriso desapareceu e seus olhos se cerraram enquanto ela me encarava obstinadamente.

"Estamos atrás de você", disse ela sussurrando com urgência. "Você deve parar de falar sobre nós. Estamos atrás de você."

Seus comentários estavam tão fora de contexto que não consegui entender o que ela quis dizer. "Senhora", disse eu, "estou confusa. Do que a senhora está falando?"

Com uma certeza assustadora, ela disse: "Você sabe exatamente do que estou falando."

"Perdão?", adiantei, ainda em busca de esclarecimento.

Ela repetiu: "Pare de falar sobre nós."

"Não sei do que você está falando", eu disse.

Novamente ela repetiu: "Você sabe exatamente do que estou falando". Mas eu não sabia.

Então eu soube.

Dei muitos passos para trás, me virei em direção ao auditório, chamei um dos seguranças designados a cobrir o evento e disse com toda compostura de que fui capaz: "A mulher que está no saguão acabou de me ameaçar. Poderia por favor ficar de olho nela?"

Algum tempo depois, subi ao palco e comecei minha última palestra. No meio da palestra, ouvi gritos na entrada que ecoaram pelo grande auditório. Os pelinhos do meu braço se arrepiaram durante uma pequena pausa em minha fala. Eu sabia exatamente quem estava gritando e sabia exatamente por quê. Sabendo que a equipe de segurança cuidaria da situação, retornei à palestra. Era apenas uma louca, fazendo ameaças vazias. Eu iria para casa e esqueceria isso.

Então o diabo exagerou. Enquanto a mulher estava aos gritos no saguão, fazendo ameaças de morte, a energia elétrica acabou. Estou falando de *todas* as luzes, *todo* o sistema de som, as telas *gigantes* atrás de mim — tudo. Estávamos em silêncio, no escuro.

Eu mencionei que era uma megaigreja, com sistemas auxiliares para seus sistemas auxiliares? Em um dia ensolarado, durante um evento fortemente equipado, a energia não acaba assim, do nada.

Os gritos não cessaram, e todas nós podíamos ouvir, chocadas.

"Isso nunca aconteceu antes", o pastor da igreja me disse mais tarde. "Os gritos que você ouviu eram daquela mulher que você apontou para o segurança e da filha dela. Qual foi o motivo daquilo?"

Putz.

Quer dizer, eu prego sobre Jesus e acredito em tudo o que Ele ensinou. Ele ensinou sobre o inimigo e mostrou Seu poder sobre forças demoníacas. O inimigo não era misterioso para Jesus. Para Ele, as batalhas espirituais eram uma realidade. Jesus expulsava demônios regularmente — é o que a Bíblia diz.

Mas, ainda que eu acredite que realmente existe um diabo e que ele tem demônios reais trabalhando para ele e que a batalha por nosso coração, alma e mente está acontecendo ao nosso redor o tempo todo, lhe digo uma coisa: jamais havia visto uma manifestação tão inegável do trabalho de Satanás.

A experiência teria sido assustadora; em vez disso, teve um resultado diferente a princípio: me inundou de fé. Lembro-me vividamente daquela noite. Falei sobre Jesus com todos que quiseram ouvir, inclusive o garçom do restaurante a que fui com minha família depois e com as amigas da minha irmã que, por acaso, estavam na cidade. Eu estava impressionada com quão real e verdadeiro tudo aquilo era — Deus. Céu. O inimigo. A guerra em que estamos.

Jamais tive tanta certeza quanto naquele dia: *tudo* aquilo era verdade.

E foi por isso que a espiral de trevas que aconteceu em seguida me pegou tão incrivelmente de surpresa.

3

Saindo da Espiral

VOLTANDO DAQUELAS PALESTRAS PARA A CASA DE MEUS PAIS EM LITTle Rock, liguei para Zac. Nós havíamos discutido antes de eu viajar para palestrar — sobre o quê, não me lembro, mas lembro que as primeiras palavras que lhe disse ao atender minha ligação foram: "Oi, amor. A briga acabou, tá bom?"

Enquanto estávamos ao telefone, comecei a interrogá-lo: "Como estão nossas finanças? Estamos em conflito com alguém? Como estão as crianças?"

Na verdade usei uma expressão: "Precisamos *fazer das tripas coração*, Zac."

O quê? Alguém estava com dor de barriga?

A verdade era que eu não sabia onde o perigo poderia estar. E não queria, de fato, descobrir.

"Por que você está preocupada, Jennie?", perguntou ele. Minha ansiedade estava transparecendo. Tenho certeza de que ele estava imaginando: *O que aconteceu naquela agradável igreja Batista?*

Contei a história a ele. Meu marido, que nunca é dramático, me levou muito a sério. Naquela noite, pelo telefone, repassamos todas as partes de nossa vida que estavam sob nosso controle e nos certificamos de que não havia uma parte óbvia em que poderíamos ser atacados.

Relaxamos um pouco.

No entanto, a partir daquela noite — imediatamente depois de experimentar uma certeza tão absoluta de minha fé —, todas as noites, sem exceção, acordei às 3h da manhã sentindo um pânico momentâneo. *Aff. Três horas de novo!* Não que eu não estivesse acostumada a acordar no meio da noite — que mulher que é mãe não está? Mas, dessa vez, o despertar era diferente.

Minha mente estava agitada e aquilo me aterrorizava. Eu ficava andando pela casa durante horas no meio da noite.

Começava com pequenos pensamentos e medos — imaginando se eu estava atrasada com a roupa para lavar, preocupando-me com meus filhos — e passava rapidamente para medos mais intensos. *Deus é real?* Eu estava dedicando minha vida a Ele, e aquela dúvida sugeria uma possibilidade assustadora: de que eu estava desperdiçando minha vida.

No escuro, sozinha e no silêncio, eu afastava essa possibilidade, mas ela parecia voltar ao meu cérebro como um ioiô, uma pergunta persistente que eu não conseguia apagar.

Ironicamente, meu nome do meio é Faith [fé, em inglês], porém, minha fé parecia estar se desfazendo. A professora de estudos bíblicos, Beth Moore, autodenominada "ex-habitante do poço", disse que há três tipos de poço: aquele em que pulamos, aquele em que escorregamos acidentalmente e aquele em que somos jogados.[1] Esse poço era o último. Eu havia sido jogada nele. A pergunta que me assombrava durante aquelas noites de insônia era como escapar dele.

Conheço pessoas que, em algum momento de sua vida, começaram a duvidar de suas escolhas profissionais. Ficaram em dúvida se casaram com a pessoa certa. Ou duvidaram de seu propósito de vida. Mas aquilo de que eu estava duvidando estava bem no centro de quem eu era: duvidava da existência de Deus. Acordada na cama todas as noites, em meu quarto escuro e silencioso, eu me questionava se Deus era real.

Se Ele fosse real, será que realmente me conhecia? Será que realmente me amava? Ele se importava?

O que eu estava pensando?

É *claro* que Deus se importava.

Não é?

O Peso de Meus Pensamentos

Quando foi que a fé que eu proclamava com fervor se esvaiu de mim?

Quem a tinha pego? Onde ela estava?

Eu a recuperaria algum dia?

Repentinamente, fiquei cheia de dúvidas. Na verdade, não foi de repente. Foi um processo lento, sutil, quase imperceptível, que crescia um pouco a cada noite que eu passava deitada no escuro.

Meu comportamento geralmente alegre e otimista foi substituído por uma inquietação persistente. Nenhum dos métodos para sair do desânimo que aprendi ao longo de minha vida estavam funcionando. Eu ainda malhava, era produtiva no trabalho e frequentava a igreja. Mas meu otimismo foi capturado por uma guerra real e integral pela minha mente. Eu estava sendo puxada para baixo enquanto aqueles pensamentos de dúvida continuavam seus ataques incessantes.

Em algum momento, o que começou a acontecer à noite, estendeu-se durante o dia. Cada vez mais eu me perguntava se aquilo era real, mas, durante o dia, havia muitas distrações.

Apegar-se a distrações — nosso cérebro é ótimo nisso.

Quando se tratava de momentos em que precisava ter fé, eu a escolhia. E me apegava muito às décadas de minha história com Deus — até que comecei a perceber que minha paixão estava se corroendo. Meus pensamentos em espiral estavam me levando à exaustão.

A dúvida rouba a esperança. Sem esperança, tudo o que importa já não parece mais tão importante.

Você já foi confrontada por algo tão pesado e difícil que a fez questionar tudo em que acreditava?

Desde então, reconheci que o inimigo estava agindo, mas, em meio à espiral descendente, não consegui enxergá-lo. Meus pensamentos pareciam me controlar, e não o contrário. Olhando para trás, gostaria de poder falar comigo mesma, para me tirar da espiral tóxica em que estava. Havia uma saída. Se você está, neste momento, em uma espiral pequena, ou em completo parafuso, juro que há esperança.

AFUNDANDO RAPIDAMENTE

Sou incapaz.

Não tenho valor.

Não sou digna de ser amada.

Ali, na cama, em meio a um ataque após o outro às 3 da manhã, tornei-me vítima de acreditar nas três mentiras. Tudo em que eu acreditara antes não significava nada. Deus não significava nada. A vida não significava nada. Eu não tinha valor, porque não era nada. Não era digna de ser amada; afinal quem ama o nada?

O perigo do pensamento tóxico é que ele produz uma realidade alternativa, na qual um raciocínio distorcido acaba parecendo fazer sentido.

Pensei em todas as dificuldades pelas quais havia passado nos últimos anos. Assisti a uma de minhas melhores amigas sofrer uma série de derrames intensos enquanto passava por um divórcio agoniante; acompanhei o mundo e o casamento de minha irmã, Katie, ruírem; suportei desafios enormes que envolveram a adoção de nosso filho, Cooper, em Ruanda; enfrentei uma ofensiva de críticas de líderes que respeito enquanto reunia forças para lançar uma organização e liderar uma equipe pela primeira vez; assisti a meu marido, Zac, passar por um período terrível enfrentando a depressão... A lista era enorme.

Minha confiança na bondade de Deus poderia estar errada todo esse tempo?

A altas horas da madrugada, eu começava a criar hipóteses sobre aonde minha vida estava indo. Será que eu havia dedicado minha vida a uma missão sem sentido? Todo meu esforço e paixão foram por nada?

Tudo o que um dia pareceu verdadeiro e vital parecia estar se esvaindo.

Mais ou menos nessa época, minha família foi assistir ao último filme dos Vingadores, *Guerra Infinita*. O filme já foi lançado há tempo suficiente para que eu não me sinta mal com esse spoiler: no final, alguns de meus super-heróis favoritos simplesmente *sumiram*, viraram cinzas e foram embora com o vento, como se nunca tivessem estado ali, como se jamais tivessem existido.

Como se suas vidas não significassem nada.

Fiquei ali no cinema, atormentada pela ideia de que esse era meu destino também. Qualquer realização que eu tivesse experimentado, qualquer impacto que tivesse sofrido, tudo isso estava sujeito à vaporização. Nada importaria no final.

Eu estaria no escuro, em um túmulo. O fim. Sem Deus. Sem resgate. Eu não era nada. Minha vida não significava nada.

Nada importava agora. Se Deus não existe, então quem se importa com alguma coisa?

(Eu lhe disse que ficaria sombrio.)

Por 18 meses seguidos — mais de 500 dias — foi nisso que pensei...

Até que aprendi a pensar de forma diferente a respeito de meus pensamentos. Até que me lembrei de que tinha escolha.

4

Libertando-me

"VOCÊS VÃO ACHAR QUE ENLOUQUECI", EU DIZIA ÀS MINHAS QUERI-das amigas, Esther e Ann, com as bochechas encharcadas de lágrimas e as mãos tremendo no colo enquanto nós três nos empilhávamos no banco de um ônibus em uma região remota de Uganda. "Sério, de verdade. É possível que eu tenha *mesmo* enlouquecido..."

Minha decisão de ser direta com elas sobre o que eu vinha passando — todos aqueles meses acordando às 3 da manhã, a dúvida, a descrença, a terrível noção de que havia perdido minha posição espiritual — foi precedida pelo testemunho delas do meu colapso meia hora antes, no escritório dos oficiais ugandenses com quem estávamos reunidas. Elas estavam lá quando desabei, tão desgastada por lutar contra uma força desconhecida, tão cansada de fingir que estava tudo bem, quando absolutamente *nada* estava bem, que a única opção que eu tinha era lhes contar a verdade.

Então desabafei. Tudo. O encontro estranho com a mulher no Arkansas, a ameaça que ela havia feito: *"Estamos atrás de você."* As infinitas noites de insônia. O medo de ter perdido minha fé, apesar de não acreditar que seja possível alguém perder a fé. Minha boca falava as palavras mais rápido do que meu cérebro conseguia processar exatamente o que eu estava dizendo, como se tivesse apertado o play em uma gravação secreta que vinha fazendo do horror em que minha vida havia se tornado nos últimos 18 meses.

"Não sei mais no que acredito", revelei. "Tem sido sombrio... pior do que consigo explicar. Tenho questionado tudo há tantos meses. Não sei se ainda acredito em Deus. Acho que talvez não acredite."

Ann observou meu rosto com uma intensidade característica dela, esperando até que eu tomasse fôlego para expressar o que ela estava pensando. "Não. *Não*", disse ela. "*Conheço* você. *Conheço* sua fé. Tenho andado com você e a observado todo esse tempo."

Olhei para ela com os olhos arregalados, desesperada com a ideia de que a perspectiva dela fosse verdade.

"Jennie, isso é o inimigo", afirmou ela. "Nada disso é de Deus. Esse horror que você tem vivido... *essa não é você*."

Conforme suas palavras atravessavam meu caos interior e penetravam em minha mente, fechei os olhos e balancei a cabeça afirmativamente.

A Verdade Irrompe

O catalisador de meu colapso emocional naquele escritório ugandense foi a experiência chocante de ouvir um estranho dizer palavras intimamente familiares.

Durante muitas daquelas mais de 150 noites repletas de angústia em casa, o único consolo que eu tinha era repetir obsessivamente uma passagem das Escrituras que eu esperava e orava para que me mantivesse presa à minha fé em Deus. Anos antes eu havia decorado o Salmo 139 e, ali, na escuridão de meu quarto, com a mente repleta de dúvidas e medo, sussurrava estas palavras:

Para onde me ausentarei do teu Espírito?

Para onde fugirei da tua face?

Se subo aos céus, lá estás!

Se faço a minha cama no mais profundo abismo, lá estás também!

Se tomo as asas da alvorada

e me detenho nos confins dos mares,

ainda lá me haverá de guiar a tua mão,

e a tua destra me susterá.¹

Eu estava apostando na veracidade dessas palavras, especificamente aquelas em que Davi, autor desse salmo, disse que não existe, de fato, uma forma de escapar da presença de Deus, apesar de tentarmos. Queria que isso fosse verdade. *Precisava* que isso fosse verdade. Então eu sussurrava aquelas palavras no escuro com uma dedicação desesperada, repetitivamente.

Ali em Uganda, eu e minhas amigas estávamos visitando diversos campos de refugiados para observar o trabalho realizado pela Food for the Hungry, uma organização que todas queríamos apoiar naquela investida. Era profundamente gratificante ver o pregresso obtido, ainda que eu não estivesse em condições de absorvê-lo. Nossa pequena equipe havia vindo do campo para um escritório apertado, onde nos encontraríamos com os oficiais que estavam viabilizando aquele belo trabalho. Todos eram fiéis, apaixonados pelos avanços realizados. Eram todos gentis, falantes e bondosos. "Vocês vão se juntar a nós em nosso devocional antes da reunião?", perguntou um dos homens, a quem respondemos que sim, com entusiasmo.

Posicionei-me de um lado da sala sem ar condicionado, do lado oposto a Ann e Esther, e expirei mil pensamentos distrativos. Após uma breve oração, o homem abriu sua Bíblia e começou a ler. "Senhor, tu me sondas e me conheces!", disse ele com o sotaque pesado puxando o *r*. "Sabes quando me sento e quando me levanto; de longe penetras os meus pensamentos."²

Quando essas palavras saíram de seus lábios, logo a percepção bateu em mim. *Ele está lendo o Salmo 139 — tá de brincadeira? Ele está lendo o Salmo 139.*

"Tu me cercas por trás e por diante e sobre mim pões a mão."³

Senti meu corpo em alerta enquanto ele falava. Sabia o que vinha a seguir.

"Para onde me ausentarei do teu Espírito?", continuou ele. "Para onde fugirei da tua face? Se subo aos céus, lá estás! Se faço minha cama no mais profundo abismo, lá estás também…"

Lágrimas brotaram em meus olhos. De repente a sala ficou insuportavelmente quente.

"Se tomo as asas da alvorada e me detenho nos confins dos mares, ainda lá me haverá de guiar a tua mão, e a tua destra me susterá…"

Eu sabia que pedir licença e sair naquele momento seria inadequado, apesar de querer muito fugir dali. Senti minha garganta coçar e meus olhos queimarem enquanto lágrimas represadas se libertavam. Ali, do outro lado do mundo, em um vilarejo minúsculo para onde viajamos um dia inteiro em um bimotor e em um ônibus velho, ouvi essas palavras familiares da boca de um homem cuja língua nativa não era o inglês.

Nós amávamos o mesmo Deus.

Como esse Deus poderia não ser real?

Aquele homem poderia ter lido qualquer uma das dezenas de milhares de passagens; mas aqui estamos nós, lendo as mesmíssimas palavras — as únicas palavras — que sustentavam minha frágil fé.

Quando Ann disse aquelas simples palavras — *"Jennie, essa não é você"*—, ela estava certa. Em minha alma eu sabia. Aquela *não era* eu. Eu amava Deus. Eu era fiel. Eu confiava em Jesus e valorizava minha fé. E Deus não abriria mão de mim.

Os medos.

As dúvidas.

A inquietação.

A dor.

Nada daquilo era eu.

Deus é real, e eu tenho valor.

Minha vida importa.

Ele é real.

Eu tinha um inimigo e havia permitido que ele me espancasse por muito tempo.

Eu estava cansada daquilo.

Aquilo era uma guerra.

Visão Clara Restaurada

Depois que Ann, Esther e eu voltamos de Uganda, Ann definiu nosso plano de ataque. Uma parte de mim sentia como se eu fosse um problema para minhas amigas, mas o restante estava desesperado por ajuda.

Ann decidiu que, durante 24 horas, nós três, para nos solidarizarmos contra quem ou o que quer que tivesse me puxado tão fundo no poço da descrença e da dúvida, iríamos orar juntas e nos abstermos de toda comida ou bebida.

Sem suco de manhã. Sem os tacos do Torchy no almoço. Sem Starbucks no final da tarde — o café com leite ou as bolachinhas. Água — apenas isso. Durante um dia inteiro pegaríamos a energia usada para pensar, preparar e consumir comida e, em vez disso, a direcionaríamos para a oração. Oraríamos por minha confiança. Oraríamos por minha perseverança. Oraríamos por minha fé.

Era tudo muito concentrado em mim, mas, em virtude de todo medo e toda dor que eu vinha enfrentando, entrei de cabeça.

Nos dias que se seguiram após nossa ida a Uganda, devo ter relembrado o comentário de Ann mil vezes.

"Essa não é você."

Como pode uma simples declaração, um simples lembrete quebrar as correntes pesadas que vinham restringindo minha mente e meu coração há mais de um ano?

Pensei em algo que o apóstolo Paulo (também conhecido por seu nome hebraico, Saulo ou Shaul) experimentou ao encontrar sua fé em Cristo. Ele havia perseguido cristãos até encontrar Jesus na estrada para Damasco, onde ficou cego. Por três dias, diz Atos 9, Saulo não comeu, não bebeu e não enxergou nada. Ele havia sido aconselhado por Jesus a entrar na cidade e esperar por mais instruções. Então o cego, guiado por seus companheiros de viagem, fez tudo conforme fora instruído.

Em algum momento, um discípulo de Damasco chamado Ananias veio e impôs as mãos em Saulo. Ele disse: "Saulo, o Senhor Jesus, que lhe apareceu no caminho por onde você vinha, enviou-me para que você volte a ver e seja cheio do Espírito Santo".

"Imediatamente, algo como escamas caiu dos olhos de Saulo, e ele passou a enxergar novamente."[4]

Saulo levantou-se. Foi batizado. Comeu e recuperou as forças.

Não é exagero dizer que, ao ouvir as palavras de Ann — *"Essa não é você"* —, enxerguei algo que não tinha sido capaz de enxergar em meses.

Porque, sozinha no escuro, o inimigo pode lhe dizer qualquer coisa que quiser.

Agora eu não estava sozinha. Estava lutando e havia recebido em Cristo a autoridade e o poder para vencer.

Algo como escamas caiu de meus olhos e finalmente voltei a enxergar.

Eu havia tido um encontro com a verdade e, embora "Quem não tem o Espírito de Deus não aceita as coisas do Espírito de Deus, pois lhe são loucura, e não é capaz de entendê-las, porque elas são discernidas espiritualmente", como Paulo disse, nós temos a mente de

Cristo.⁵ A pessoa espiritual é dirigida pela verdade. Mesmo quando essa pessoa espiritual tiver passado por trevas pelo que parece um tempo muito longo.

Eu sabia que Ann estava certa.

O Momento da Mudança

De maneira curiosa, durante aqueles meses de tormenta, tudo em minha vida pública alardeava uma fé sincera e fundamentada. Eu havia anunciado Jesus com ardor e visto milagres de vidas sendo transformadas, tudo enquanto lutava para me agarrar à minha fé.

Eu estava, na verdade, repleta de fé.

Um Lembrete Importante

Talvez você esteja vivendo com uma pequena tristeza há muito tempo. Ou talvez, para você, seja muito pior do que isso.

Duas pessoas em minha vida que amam muito Jesus têm lutado contra desejos contínuos de tirar a própria vida.

Relatos da National Alliance on Mental Illness dizem que "um em cada cinco adultos experimenta uma doença mental todos os anos"⁶. Então podemos dizer que as doenças mentais são generalizadas. Se você luta contra uma doença mental, posso, por favor, abraçá-la, olhá-la nos olhos e dizer: "Isso — sua ansiedade, depressão, seu transtorno bipolar ou seus pensamentos suicidas — não é culpa sua"?

Talvez você esteja sofrendo com um verdadeiro colapso químico em seu corpo. Eu entendo. Diversos membros de minha família dependem de remédios para ajudar a regular a química de seu cérebro. Por favor, me ouça: essa opção não é vergonhosa. Agradeça a Deus pelas ferramentas que podem ajudá-la.

Quero apenas que você saiba — por favor, preste atenção — que, ao longo deste livro, sempre que falo sobre Deus nos dar uma escolha a respeito de

> como pensamos, não estou sugerindo que você seja capaz de encontrar um meio de lutar contra uma doença mental apenas por meio de pensamentos positivos. Não estou. Já passei por episódios de ansiedade tão severos que fiquei paralisada.
>
> Há fases em que precisamos de ajuda na forma de terapia e remédios. Mas espero lhe mostrar, nas próximas páginas, que em todas as fases existe uma ajuda que podemos obter sozinhas. Aprender a focar um único pensamento pode ajudar a todas nós — aquelas que lutam contra doenças mentais e aquelas cujas lutas são de outro tipo.

Apenas não me sentia muito repleta de fé.

Na verdade, eu me sentia muito desgastada.

A tragédia para mim era que eu não precisava ter surtado por 18 meses. Nem você. Nós não precisamos surtar por 18 meses. Não precisamos surtar por 18 *minutos*. Não precisamos surtar nunca!

Hesito em dizer o que direi a seguir por diversos motivos. Talvez você seja cética. Talvez tenha enfrentado uma escravidão específica durante toda sua vida, e minha resposta lhe pareça vazia. Talvez sequer consiga *imaginar* a liberdade, que dirá persegui-la. Mas direi de qualquer forma. Direi porque é verdade:

Você pode, na verdade, mudar em um instante.

Você.

E eu.

Podemos mudar.

A ciência prova que podemos. Nosso cérebro é repleto de caminhos neurais, alguns rasos e moldáveis, outros sulcos profundos cavados por uma vida toda de pensamentos tóxicos. Em ambos os casos, Deus pode nos salvar. Em ambos os casos, Ele pode nos curar.

Depois de nosso período de jejum e oração, meu cérebro sentiu-se recém-desperto, e meu pensamento, claro e preciso, como se eu estivesse atravessando uma neblina densa que desapareceu repentinamente. Procurei entender o que as Escrituras nos dizem sobre nossa mente.

Comecei a estudar, e o primeiro verso que comecei a dissecar foi de Paulo, um versículo que já vimos rapidamente antes. "Não vos conformeis a este mundo", disse ele em Romanos 12:2, "*mas transformai-vos* pela renovação da vossa mente, para que experimenteis qual seja a boa, agradável e perfeita vontade de Deus."[7]

Você quer ser transformada? Não sei por qual outro motivo você estaria lendo este livro. Existe outro motivo? Afinal, a Netflix está à sua disposição, a louça está na pia e existem 10 mil outras coisas que você poderia estar fazendo. No entanto, você está aqui. Então imagino que esteja aqui porque, de fato, espera se tornar, de alguma forma, uma pessoa radicalmente diferente.

Vamos atacar algo que as pessoas mais sensatas não ousariam encarar. Ainda pior, o motivo de não enfrentarem isso é que sequer reconhecem que a luta está acontecendo. Elas não percebem que existe um ataque generalizado contra elas. Não enxergam o inimigo atrás delas e não sabem que estão prestes a serem pisoteadas. Estão vivendo totalmente alheias.

Estive nessa situação durante um ano e meio. Mas, então, chegou o momento em que a verdade penetrou minha treva — e tudo mudou.

Mas não sejamos ingênuas: **se nossa vida mental é o lugar mais profundo e sombrio dentro de nós, o inferno inteiro tentará nos impedir de sermos livres.**

Não vamos repassar estratégias. Não, vamos entrar em guerra contra a raiz da treva dentro de nós. E teremos que cavar bem fundo para revelar essa raiz.

Isso exigirá trabalho.

Isso exigirá paciência.

Isso exigirá rios de graça para nós mesmas.

Depois que contei às minhas amigas sobre minha espiral de 18 meses de dúvidas, por causa da urgência daquilo, atacamos essa espiral monstruosa com tudo, espiritualmente falando, o que Deus nos havia concedido em nosso arsenal. Logo enxerguei a cura, quando reconheci o ataque do inimigo e comecei a combatê-lo.

Em outras espirais, em que as ranhuras foram cavadas fundo, a cura acontece com o tempo. Mas, em todo caso, as armas com as quais lutamos são as mesmas. Lutamos diariamente para sermos captoras de nossos pensamentos, em vez de deixarmos que sejam capturados.

Enquanto eu digitava o capítulo anterior, recebi uma mensagem de uma amiga, dizendo que minha página na internet havia sido hackeada por um site pornô. Sim. Enquanto estou falando sobre entrar em guerra contra o inimigo, ele entra em guerra comigo.

Coincidência?

Acho que não.

5

Onde os Pensamentos São Capturados

COMO MENCIONEI ANTERIORMENTE, CAPTURAR TODOS OS NOSSOS pensamentos parece uma tarefa impossível, especialmente quando consideramos o possível número de pensamentos que temos por minuto. Com base naqueles 30 mil pensamentos por dia e nas 16 horas acordados, podemos ter cerca de 31 pensamentos por minuto. Lembra o que eu disse sobre levar apenas um pensamento cativo? E se um pensamento tivesse o poder de interromper nossas espirais e trazer paz a nosso caos mental?

A própria vida de Paulo foi um retrato de interrupção. Depois que as escamas caíram de seus olhos, a vida e a mente de Paulo concentraram-se em uma realidade totalmente nova. Não havia outra esperança, outra narrativa, outra música tocando ao fundo. Ele parou tudo que o distraía e se permitiu concentrar-se em uma coisa simples:

"Para mim o viver é Cristo", escreveu Paulo em Filipenses 1:21, "e o morrer é lucro". Tudo se trata — sempre — de Cristo.

Paulo experimentou uma mudança imensa, e agora ele era um homem completamente diferente. Não era mais escravo de suas circunstâncias ou suas emoções. Escolheu, então, viver consciente do poder de Cristo nele, através dele e para ele. Agora, tinha o poder do Espírito — o mesmo poder que ressuscitou Jesus dos mortos[1], e ele escolheu viver consciente e sob aquele poder.

No que pode ser a explicação mais provocativa de todas em todos os escritos de Paulo no Novo Testamento, o apóstolo tinha o seguinte a dizer:

> Pois, embora vivamos como humanos, não lutamos segundo os padrões humanos. As armas com as quais lutamos não são humanas, ao contrário, são poderosas em Deus para destruir fortalezas. Destruímos argumentos e toda pretensão que se levanta contra o conhecimento de Deus, e levamos cativo todo pensamento, para torná-lo obediente a Cristo. E estaremos prontos para punir todo ato de desobediência, uma vez estando completa a obediência de vocês.[2]

Na paráfrase do finado Eugene Peterson, a última parte seria lida assim:

> Usamos nossas poderosas ferramentas divinas para esmagar filosofias distorcidas, romper barreiras erguidas contra a verdade de Deus, ajustar todo pensamento, emoção e impulso solto na estrutura de vida moldada por Cristo. Nossas ferramentas estão à disposição para esclarecer as bases de toda obstrução e construir vidas de obediência em maturidade.[3]

O que absorvo dessas palavras é: você e eu fomos equipados com o poder de Deus para romper as fortalezas em nossas mentes, para destruir as mentiras que dominam nossos padrões de pensamento. Nós temos o poder e a autoridade para fazer isso!

Ainda assim, andamos por aí agindo como se não tivéssemos poder sobre o que permitimos entrar em nossa mente.

Se nosso filho pequeno começa a fazer birra no supermercado, nós o corrigimos, o redirecionamos — porém, temos permitido que nossa mente sofra um colapso total com zero correção.

Durante 18 meses, pensei ser vítima dos argumentos contra Deus que se erguiam dentro de mim. Durante muitos anos de minha vida, acreditei ser vítima da negatividade que emergia dentro de mim. Você se identifica com o que estou dizendo? Você também já passou muito tempo de sua vida acreditando ser vítima de seus pensamentos?

Paulo nos diz que não precisamos viver dessa forma, que podemos levar nossos pensamentos cativos. Ao fazer isso, podemos exercer nosso poder para o bem e para Deus, destruindo fortalezas à direita e à esquerda.

O Pensamento de Interrupção

Essa promessa de exercer poder sobre nossos pensamentos parece ótima, não é? Porém, sinto que você tem um breve questionamento:

"Mas... como?"

Tipo assim, "Obrigada, Jennie. Parece ótimo. Mas como raios faço isso?"

Ao longo dos próximos capítulos, você e eu aprenderemos a entrar em guerra com as armas que Deus nos deu, armas que podem combater os sete inimigos estratégicos que nos atacam e minam nossos esforços para manter a mente sã e estável.

O panorama aqui é: temos uma vida mental caótica. Esses pensamentos costumam levar a emoções descontroladas, certo? Emoções que nos dizem como nos comportarmos.

Esses comportamentos afetam dramaticamente nossos relacionamentos, mantendo aquela espiral descendente que vimos anteriormente.

O que estamos dizendo, portanto, é que a forma *como pensamos* resulta diretamente em *como vivemos*.

Isso pode parecer aterrorizante, mas, na verdade, é empolgante.

Por enquanto, você precisará confiar em mim.

O que sei é: ainda que não sejamos capazes de levar todo pensamento cativo em toda situação que enfrentamos todos os dias, podemos aprender a levar *um* pensamento cativo e, ao fazer isso, afetar todos os outros pensamentos que surgirem.

Então, qual é o único pensamento que pode interromper com sucesso o padrão de pensamento negativo? É este:

Eu tenho escolha.

É isso.

O único pensamento de interrupção é este:

Eu tenho escolha.

Se você confia em Jesus como seu Salvador, tem o poder de Deus em si para escolher! Você já não é mais escrava das paixões, dos desejos, das fortalezas, de qualquer tipo de pecado. Você tem uma habilidade presenteada por Deus, capacitada e remida, de escolher o que pensar. Você tem uma escolha referente a onde concentrar sua energia. Tem uma escolha relativa ao sentido de sua vida.

Eu tenho escolha.

Não estamos sujeitas a nossos comportamentos, genes ou circunstâncias.

Não estamos sujeitas a nossas paixões, desejos ou emoções.

Não estamos sujeitas a nossos pensamentos.

Temos escolha porque somos conquistadoras que têm armas para destruir fortalezas.

Raramente podemos escolher nossas circunstâncias, mas Paulo disse que temos escolha acerca da forma como pensamos sobre essas coisas, muitas vezes tão desafiadoras. Eu amo essa verdade. Amo-a porque é muito comum me sentar com mulheres, ouvir suas histórias e, independentemente do país ou da cidade em que estejamos, saber que as lutas são as mesmas. Se estou conversando com mulheres em cabanas na Uganda, sento-me no chão enlameado com elas e, com a ajuda de intérpretes, ouço-as falar sobre os mesmos medos que tenho acerca dos filhos.

Para mim, as pessoas que se destacam são aquelas que escolheram confiar em Jesus mais do que em sua capacidade de fazer tudo funcionar corretamente.

Essas heroínas da fé não estão sujeitas aos próprios pensamentos. Não estão sujeitas a seus sentimentos.

Elas acreditam em uma meta principal e, com cada gota de seu poder, estão se esforçando para pensar sobre Cristo.

Jesus é o eixo em torno do qual todas as suas espirais de pensamento giram. Quando sua mente gira sem parar, elas fixam o pensamento n'Ele.

O que inspira a pergunta: "Em que você se fixa?"

Você conhece sua fixação. É aquilo em que pensa constantemente. Vamos lá.

Minhas melhores amigas conhecem minhas fixações porque não são fáceis de esconder. Nossas fixações transparecem em nossas palavras, nossos sentimentos e nossas decisões. São o foco do livro que lemos, os podcasts que assinamos, os sites que visitamos, os grupos dos quais fazemos parte e as obsessões que perseguimos.

Você está fixada no medo de que seu filho algum dia seja rebelde? Então lerá muitos livros sobre maternidade.

Está ansiosa a respeito de ficar doente ou não ser supersaudável? Então ouvirá toneladas de podcasts sobre saúde e gastará uma pequena fortuna em óleos essenciais. Já escrevi sobre o transtorno alimentar contra o qual lutei na faculdade e durante muitos anos depois. Começou quando eu era líder de torcida na Universidade de Arkansas e tínhamos que nos pesar toda semana. Se qualquer uma ganhasse mais de um quilo e meio na semana anterior, ficávamos de fora do jogo daquela semana.

Eu era *obcecada* por comida. Por me exercitar. Pelo que comer e o que não comer.

Aquelas pesagens acabaram, mas minha obsessão, não. Minha fixação transformou-se em um lugar onde me sentia tragicamente presa.

Então, li as famosas palavras de Paulo: era possível levar meus pensamentos cativos à obediência de Cristo.

Minha mente explodiu.

Minha espiral foi interrompida.

Eu tinha poder sobre minha vida e minha mente outra vez.

Deus lhe deu poder para interromper essa fixação! Foi isso que o verso de Paulo me disse. Era uma notícia que eu precisava ouvir desesperadamente.

A pergunta que restou foi: como? *Como* eu poderia interromper minha queda?

Para você, a resposta, ao menos em partes, pode estar na terapia, na comunidade ou no jejum. Certamente, na oração.

Tanto para mim quanto para você, a resposta se concentrará em Deus — em Sua presença, em Seu poder, em Sua graça, em Sua palavra.

Toda espiral pode ser interrompida. Não existe fixação fora do longo alcance de Deus. Como somos "novas criaturas", temos escolha.[4]

Ele nos deu o poder, as ferramentas e o Espírito d'Ele para alterar a espiral. Quando estamos dispostas a tomar a iniciativa, algumas coisas bem legais começam a acontecer.

Quando temos novos pensamentos, alteramos nosso cérebro fisicamente.

Quando temos novos pensamentos, fazemos conexões neurais mais saudáveis, abrimos novos caminhos.

Quando temos novos pensamentos, tudo muda para nós.

UMA REDEFINIÇÃO MENTAL

Um autor com o qual me deparei em meus estudos sobre o cérebro foi o Dr. Dan Siegel, professor de psiquiatria clínica. "Para onde vai a atenção", escreveu ele, "o fluxo de disparos neurais e conexões neurais cresce... Padrões que você acreditava serem fixados são, na verdade, coisas que podem, com esforço mental, de fato ser alteradas... Nós não somos passivos em toda essa atividade da mente e da consciência."[5]

Nosso cérebro se torna aquilo que pensamos. Aquilo em que nos fixamos é neurologicamente quem nos tornaremos.

Tudo se resume a um pensamento.

E, depois, outro pensamento.

E, então, outro pensamento depois daquele.

Ou seja, diga-me no que você está pensando, e eu lhe direi quem você é.

Veja meu filho, Cooper, por exemplo. Ele tem 10 anos. Sempre que começa a entrar na espiral, com sua mente, corpo e emoções indo cada vez mais fundo, eu trabalho para interrompê-la. Trabalho para ajudá-lo a redirecionar seus pensamentos.

"Filhão, dá um tempo", digo a ele. "Amo você. Está tudo bem. Você não precisa entrar em pânico. Pode escolher outro caminho. Não precisa ser esmagado por isso."

Digo a Cooper o que é real, o que é verdade.

Então tento me lembrar de que o que é real para ele também é real para mim.

Quer saber um segredo? Essas coisas também são verdade para você. Você e eu redirecionamos crianças o tempo todo. Por que não redirecionamos a nós mesmas? Primeiro, obviamente, temos que lembrar a nós mesmas de que é possível mudar. Deixe-me dizer novamente: nós temos escolha! E quanto mais frequentemente assumirmos essa verdade, mais fácil será interromper a espiral descendente de nossos pensamentos.

Como tenho praticado os padrões que vamos analisar juntas em instantes, alterar meus pensamentos tornou-se uma ação mais disciplinada. Veja o gráfico da espiral. Começando de baixo dessa vez, com emoções e pensamentos prestes a sair de controle, veja como conseguimos detê-los e alterá-los ao escolher a mente de Cristo.

As palavras de Paulo, em Romanos, nunca foram tão verdadeiras para mim quanto nessa luta: "Pois no íntimo do meu ser tenho prazer na lei de Deus, mas vejo outra lei atuando nos membros do meu corpo, guerreando contra a lei da minha mente, tornando-me prisioneiro da lei do pecado que atua em meus membros."[6]

Essa é uma batalha diária! Posso não estar fazendo isso perfeitamente, mas vi uma melhora significativa. A mudança que um dia pareceu impossível, no máximo provável, agora está ao meu alcance.

Para onde eu e você estamos indo? Estamos buscando um passo ainda além disso. Com base nos escritos de Paulo para a igreja de Roma muito tempo atrás, eu e você podemos aprender a cuidar de nossa mente ao ponto de que controlar nossos pensamentos se torne reflexivo — uma resposta intuitiva automática.

CONSEQUÊNCIA

RELACIONAMENTOS

COMPORTAMENTO

PENSAMENTO

EU TENHO ESCOLHA
A MENTE DE CRISTO

EMOÇÃO

Em Romanos 8:5, Paulo disse que "quem vive segundo a carne tem a mente voltada para o que a carne deseja" e que "quem vive segundo o Espírito, tem a mente voltada para o que o espírito deseja". Ele continuou:

> A mentalidade da carne é morte, mas a mentalidade do espírito é vida e paz; a mentalidade da carne é inimiga de Deus porque não se submete à lei de Deus, nem pode fazê-lo. Quem é dominado pela carne não pode agradar a Deus.
>
> Entretanto, vocês não estão sob o domínio da carne, mas do Espírito, se de fato o Espírito de Deus habita em vocês. E, se alguém não tem o Espírito de Cristo, não pertence a Cristo. Mas se Cristo está em vocês, o corpo está morto por causa do pecado, mas o espírito está vivo por causa da justiça. E, se o espírito daquele que ressuscitou Jesus dentre os mortos habita em vocês, aquele que ressuscitou a Cristo dentre os mortos também dará vida a seus corpos mortais, por meio do seu Espírito que habita em vocês.[7]

Li e reli essa passagem nos últimos meses, imaginando como seria a vida se eu conseguisse ter, de fato, uma mente que habita no Espírito. Uma mente repleta de vida e paz. Uma mente que pensa constantemente em Deus — quem Ele é e o que Ele quer de mim. Desejo tão desesperadamente a "perfeita paz" que Deus promete quando minha mente se fixa n'Ele.[8]

Deixe-me dizer novamente, pensando dessa maneira mais regularmente, não perfeitamente.

Quero ter um conhecimento tão grande dos padrões de pensamento alinhados ao Espírito que meu padrão não seja confiar na carne, mas, sim, no Espírito para tudo.

Esse é o objetivo de nossas interrupções deliberadas: interrompemos abruptamente as espirais malucas de nossa mente.

Conforme praticamos a arte da interrupção, estamos nos deslocando para uma mentalidade totalmente nova, com cada deslocamento nos aproximamos cada vez mais da mente de Cristo.

Quando entramos na espiral de ruídos ou distrações, temos a opção de deslocar nossa mente de volta para Deus por meio da quietude.

Quando entramos na espiral do isolamento, temos a opção de deslocar nossa mente de volta para Deus por meio da comunidade.

Quando entramos na espiral da ansiedade, temos a opção de deslocar nossa mente de volta para Deus por meio da confiança em Seus bons e supremos propósitos.

Quando estamos na espiral do ceticismo, temos a opção de deslocar nossa mente de volta para Deus por meio da adoração.

Quando entramos na espiral da autovalorização, temos a opção de deslocar nossa mente de volta para Deus por meio da humildade.

Quando estamos na espiral do vitimismo, temos a opção de deslocar nossa mente de volta para Deus por meio da gratidão.

Quando estamos na espiral da complacência, temos a opção de deslocar nossa mente de volta para Deus por meio do serviço a Ele e aos outros.

Devo dizer-lhe que, após o dia de oração e jejum que me levou a me tornar obsessivamente vigilante em praticar os padrões semelhantes aos de Paulo, que você verá na parte 2 deste livro, nunca mais acordei assustada. Hoje faz um ano que aqueles toques de despertar às 3 da manhã já não me paralisam mais.

Da mesma forma, pode ser que você perceba que alguns pensamentos, uma vez interrompidos, simplesmente perderão seu poder. Deus pode fazer isso.

Outros pensamentos, porém, podem exigir captura e redirecionamento diários. Ou de hora em hora. Em alguns casos, ainda mais frequentemente. Mas esses pensamentos mortais podem ser capturados. Eles podem ser contidos.

Podemos nos libertar das espirais mais íngremes. Podemos aprender a cuidar de nossa mente.

Podemos viver como se tivéssemos escolha nessa questão, porque nós, de fato, *temos* escolha.

Um Pai celestial deu tudo para que eu fosse livre. Tudo para que eu pudesse escolher essa saída! Ele construiu a saída com o amor e o sangue de Seu Filho, Jesus. Quando temos pensamentos que levam à vida e à paz, não recebemos apenas pensamentos melhores, recebemos mais de Deus.

Podemos ainda acordar de madrugada, quando tudo ao redor está escuro. Mas, em vez de nos contorcermos, remoermos e permitirmos que cenários ruins saiam de controle em nossa mente, podemos nos encontrar com Deus, ser lembradas de Sua bondade, e orar.

A batalha por nossa mente é vencida conforme nos concentramos em Jesus — a todo momento, a toda hora, todos os dias.

6

Faça a Mudança

Alguns meses atrás, reuni muitas mulheres em minha igreja local para estudar as coisas sobre as quais estamos conversando aqui. Nós nos reunimos por seis semanas, e vidas foram mudadas. Na primeira noite em que aquelas mulheres entraram na capela onde nos reuniríamos, foram recebidas por um mural enorme, no qual estava escrita a pergunta: "Em que você está pensando?" Presas àquela lousa, havia dezenas de notas adesivas coloridas, com tópicos que poderiam estar ocupando espaço em seus pensamentos, coisas como:

- opiniões de terceiros
- finanças
- planos
- festas de fim de ano
- fim de semana
- o noticiário

Antes que as mulheres do estudo bíblico escolhessem um lugar para se sentarem, deveriam identificar alguns dos pensamentos que fossem verdadeiros para elas e pegar aquelas notas adesivas. Foi uma tarefa desafiadora.

Após o exercício daquela noite, eu e minha equipe avaliamos quais pensamentos haviam sido pegos e por quantas mulheres, e quais foram deixados no mural.

Se você perguntar ao Sr. Google quantos de nossos muitos pensamentos por dia são positivos e quantos são negativos, descobrirá que a grande maioria — alguns pesquisadores dizem que chega a 70% — são negativos.[1]

De volta à capela, apesar das dezenas de opções positivas disponíveis naquelas notas, adivinhe quais foram escolhidas?

- estresse no trabalho
- estresse sobre as finanças
- sou boa o suficiente?
- tenho valor?
- fracassos
- rejeição
- dor

Adivinhe quais papeizinhos continuaram intactos?

- escolher a alegria
- força
- boas memórias
- meu coração

Pegaram três notas com o tema "caminhada", pelo menos isso.

Bem, tenho que lhe dizer, com base no que aquelas mulheres indicaram estar pensando, eu tinha uma boa ideia a respeito das suposições que estavam criando. Suposições como: *Se as pessoas soubessem como já falhei tão terrivelmente, jamais me amariam* e *Meu valor vem de minha capacidade de ser perfeita. Não me admira que eu não tenha muito valor.*

Como resultado dessas suposições, surgem emoções: frustração, raiva, desânimo, desespero, constrangimento, insatisfação, vergonha.

Dessas emoções começam a se formar crenças: *Jamais obtive sucesso em minha carreira. Jamais serei boa o suficiente. Jamais serei aceita e amada. Jamais sairei das dívidas.*

Com base nessas crenças, são realizadas ações: Vamos anestesiar nossa dor. Vamos esconder nossos medos. Vamos fingir nossa alegria. Vamos nos "armar".

Essas ações, por sua vez, formam hábitos ao longo do tempo, que criam os estilos de vida que moldam nossa rotina.

Não me admira que tantas de nós tenhamos problemas em nos ater à mudança! Nós nos tornamos presas daqueles 70% de pensamentos negativos e, então, acordamos um belo dia absolutamente derrotadas.

Precisamos de um novo normal, algo que aquelas notas adesivas só vieram a confirmar.

É verdade que, para algumas pessoas, inclusive você, talvez suas emoções centrais, em determinado momento, sejam algo como paz, contentamento ou alegria. Mas dê a essas mesmas pessoas um dia, uma semana ou um mês, e o problema conseguirá entrar. Ele sempre consegue, sabe? Vivemos em um mundo problemático.

Como Jesus disse: "Neste mundo tereis aflições".[2]

A boa notícia é que, uma vez que reconhecemos que uma emoção predominante está conectada a mentiras parasitas absolutas, começamos a ver que tudo o que precisamos para a vida em Deus já nos foi dado[3] — o que significa que começamos a nos curar e viver vidas que importam.

Ao longo do último ano, desde minha volta para casa, vindo daquela viagem a Uganda com Esther e Ann, passei a chamar esse plano de fuga de "a mudança". Quando estou presa a determinada maneira de pensar que obviamente não me faz bem, posso fugir daquele padrão de pensamento e buscar um novo. Posso fazer uma mudança mental. Ao mudar minha mente, posso mudar minhas emoções, o que interrompe toda a evolução que vimos antes e que resulta em *como estou experimentando a vida*.

A melhor parte? Você pode fazer o mesmo. Você não precisa cair na espiral e acabar uma pilha de nervos. Não precisa ficar aprisionada a medos e dúvidas. Não é necessário remoer coisas horríveis que talvez nunca aconteçam.

Segundo Paulo, para fazer a mudança de "argumentos" (também conhecidos como dúvida esmagadora) e "toda pretensão que se levanta contra o conhecimento de Deus" (também conhecida como descrença das 3 da manhã), para se concentrar em algo mais alinhado com a "vida moldada por Cristo", devemos pegar as armas de guerra e destruir as fortalezas que estão dominando nossos pensamentos.[4]

Primeiro, é claro, precisamos aprender a reconhecer essas fortalezas.

O Mapa de Sua História Mental

Começamos por nos conscientizarmos a respeito do que temos pensado, concentrando-nos no pensamento e identificando-o pelo que ele é. Devo mencionar aqui que o mal nunca quer ser notado. Ele entra sorrateiramente e sequestra nossa mente, e mal percebemos que há algo errado. Eu mal percebi, afinal.

Então já temos um ponto positivo por termos percebido. Por pensar sobre aquilo em que estamos pensando.

Se estiver disposta a dar uma chance ao jogo de "pensar sobre pensar", então pegue um diário e uma caneta. Está pronta?

- PRAZO DO PROJETO PARA AMANHÃ
- DISCORDÂNCIA COM COLEGA
- SINTO-ME INADEQUADA PARA MEU TRABALHO

TRABALHO

FÉ — **SOBRECARREGADA** — **AMIGAS**

- SINTO-ME DISTANTE DE DEUS
- NÃO FAÇO O SUFICIENTE PARA DEUS
- ANIMADA COM MEU NOVO PEQUENO GRUPO

- ANDO SOLITÁRIA
- SINTO QUE ME DOO SEM NADA EM TROCA
- ANIMADA COM ALGUMAS AMIGAS NOVAS

SAÚDE/CORPO

- SINTO-ME INSEGURA COM MEU PESO
- ESTOU PREOCUPADA COM CONSULTAS MÉDICAS
- TENHO ANDADO ANSIOSA ULTIMAMENTE

Passo 1

Consultando o exemplo ilustrativo conforme necessário, escreva no centro de uma folha em branco o primeiro sentimento ou emoção que você está experimentando agora. Pode ser bom ou ruim.

Você pode escrever *ansiosa*.

Ou *em paz*.

Sobrecarregada.

Irritada.

Com medo.

Seja o que for, anote. Agora desenhe um círculo grande ao redor dessa palavra.

Ao redor do círculo, escreva palavras espalhadas sobre tudo o que conseguir pensar que esteja contribuindo com aquele sentimento ou emoção. Você pode escrever: "Tenho roupa para lavar", ou "Trabalho", ou "Filhos", ou "Estresse financeiro", ou "Problemas com imagem corporal". Desenhe um círculo menor ao redor de cada um desses fatores contribuintes; depois, desenhe uma linha saindo de cada um deles, conectando-os ao maior. Próximo a cada círculo menor, liste como aquele fator tem contribuído com a emoção que você está experimentando.

Continue até esgotar todas as possibilidades que motivem a emoção que você escreveu.

Passo 2

Converse com Deus a respeito disso. Ore com esse papel em sua frente e fale a respeito de cada uma das coisas que escreveu. Pegue a Palavra d'Ele e veja as verdades que Ele nos deu. Fale com Ele a respeito disso. Peça que Ele lhe mostre no que você tem acreditado erroneamente sobre Ele e sobre si mesma.

Pronta para prosseguir?

Passo 3

Procure padrões e temas comuns em seus círculos.

Você está se preocupando com coisas que não pode controlar?

Está irritada com a forma como tem sido injustiçada?

Está obcecada com o que não tem?

Comida, sexo, entretenimento ou dinheiro têm roubado seus pensamentos?

Você se envergonha do que fez no passado?

Você é autocrítica?

Certo. Então por que você precisou fazer esse exercício?[5] Para que possa enxergar claramente como seus pensamentos estão construindo uma narrativa sobre Deus que pode ser real ou irreal.

Se quisermos interromper nossos padrões de pensamento tóxico, precisamos observar o que está acontecendo e agir, combatendo quaisquer mentiras em que acreditamos a respeito de Deus com a verdade, que interrompe a espiral descendente.

Para fazer isso com eficiência, vamos precisar de uma ajuda.

A MENTE DE CRISTO

É quase impossível navegar por nossa cultura sem sermos bombardeadas com mensagens sobre como podemos fazer e ser melhores. Os "especialistas" falam diretamente com nosso desejo de esperança por meio de livros, sites, artigos, infomerciais e coisas afins sobre autoaperfeiçoamento. Sentimos um surto de otimismo — a adrenalina da expectativa cresce dentro de nós — quando ouvimos como o mantra certo, o exercício certo, o plano financeiro certo ou a determinação certa nos levarão à vida melhor e mais gratificante que sentimos que deve ser nossa.

Quem não gosta de se ajustar, de planejar e resolver, de declarar, impulsionar e crescer? Quem não gosta da ideia de que, com um pouco de determinação, podemos ser melhores do que éramos antes? Nenhuma de nós quer ficar presa onde está. Todas queremos prosperar e crescer.

Apesar do grande sucesso dos gurus de estilos de vida atuais, a ideia da autoajuda não é novidade. Centenas de anos antes da época de Jesus, as pessoas escreviam argumentos éticos para ajudar as pessoas a escolherem vidas melhores e mais sábias.

A cultura da autoajuda como a conhecemos atualmente tem suas origens mais óbvias no século XIX. Por exemplo, em 1859, Samuel Smiles escreveu um livro que foi intitulado, adequadamente, como *Ajude-se*. Talvez você reconheça a famosa máxima que ele incluiu: "Os céus ajudam àqueles que ajudam a si mesmos". Essa mensagem é aceita com tanta facilidade que as pessoas costumavam ter certeza de que era uma citação das Escrituras. Não é — a frase não se encontra em nenhum lugar da Bíblia —, mas poderia muito bem ser. Quem precisa de Deus quando a verdadeira ajuda está dentro de nós, sendo o próprio eu? Ideias como essa favoreceram o surgimento da indústria da autoajuda.

O tempo passou, e outros se juntaram à causa.

Dale Carnegie lançou *Como Fazer Amigos e Influenciar Pessoas*.

A psicoterapia se tornou cada vez mais popular.

Os infomerciais viraram moda.

Palestrantes motivacionais começaram a reunir multidões.

E aqui estamos nós em uma sociedade pós-verdade bombardeada por promessas de felicidade, riqueza, realizações e conquistas de todos os nossos sonhos. Ainda assim, somos miseravelmente infelizes. Por quê? Porque, **apesar de todo o bem que a autoajuda faz, essa ajuda nunca é suficiente, afinal.**

O máximo que a autoajuda poderá fazer com nosso sofrimento, nossas deficiências e espirais é rejeitá-las, determinar a fazermos melhor. É declarar: "Hoje esse horror termina!"

Mas não precisamos simplesmente que nossa espiral de pensamentos pare; precisamos que nossa mente seja *resgatada*.

A escravidão exige resgate.
A opressão precisa ser removida.
A cegueira espera por visão.
A imprevisibilidade deve ser transformada.

Nenhuma declaração autogerada — ainda que seja barulhenta e apaixonada — é capaz de levar a essa libertação. Em vez disso, precisamos de uma transformação completa: nossa mente trocada pela mente de Cristo.

Não fomos feitas para termos mais pensamentos melhores sobre nós mesmas. Fomos feitas para experimentarmos vida e paz conforme começamos a pensar menos a respeito de nós mesmas e mais a respeito de nosso Criador e dos outros.

"Busque primeiro o reino", disse Jesus.[6]

Os principais mandamentos? Ame a Deus e ame ao próximo.[7]

A única verdadeira autoajuda na qual nós, seguidoras de Jesus, devemos acreditar é que somos filhas e filhos do Rei do Universo, e devemos saber que nossas identidades são garantidas pelo sangue derramado pelo próprio filho de Deus.

Quando acreditamos nisso, pensamos menos sobre nós mesmas e mais sobre a missão que recebemos de amar Deus e as pessoas que Deus coloca à nossa frente, independentemente de nossas circunstâncias.

É claro que você é capaz de obter determinado progresso sozinha, mas não terá os frutos do Espírito ou a mente de Cristo. Estariam totalmente errados aqueles que nos incitam a tomar o controle de nossa vida? Não. Temos nosso papel. Mas nosso esforço não nos fará atravessar a linha de chegada se não houver uma força externa mudando nosso interior.

O que fazer quando conseguir levar um pensamento cativo? Submeta-o, então, a Cristo. É assim que você experimenta uma nova mente, uma nova identidade, uma nova forma de viver, habilitada pelo Espírito.

O mundo entende que não pode haver progresso sem trabalho. Ele entende isso melhor do que muitos cristãos. **Mas a autoajuda é capaz de oferecer apenas uma melhor versão de você mesma; Cristo está em busca de** *uma versão totalmente nova de você.* Deus em você. A mente de Cristo. Os frutos do Espírito surgindo em você. Você deixará de ser uma árvore murcha e seca e passará a ser uma linda árvore frutífera florescente. É uma criação totalmente nova.

Esse trabalho, essa mudança que faremos pode ser a coisa mais importante que já fizemos. Mas não o faremos simplesmente como um projeto de autoaperfeiçoamento.

Faremos isso porque queremos viver uma vida de nova criatura, uma vida que realmente importa, uma vida em Cristo que Deus prometeu.

Parte Dois

DERROTANDO OS INIMIGOS DA NOSSA MENTE

7

Traçando Linhas de Combate

CONFORME ENTRAMOS NESTA PARTE, QUERO LHE TRAZER PARA BEM perto e dizer o que está prestes a acontecer e por quê. Vou treiná-la para lutar.

Lembre-se, a maior batalha espiritual de nossa geração está sendo travada entre nossas orelhas. Esse é o epicentro da batalha.

Antes de Eva comer a fruta, ela pensou: era "atraente aos olhos e, além disso, desejável para dela se obter discernimento". Então ela "tomou do seu fruto e o comeu."[1]

Davi, antes de pecar com Bate-Seba e enviar o marido dela para a morte, pensou: "A mulher é muito bonita."[2]

Antes de Maria dar à luz Jesus, ela teve um pensamento: "Sou serva do Senhor, que aconteça comigo conforme a tua palavra."[3]

Antes de Jesus escolher ir para a cruz, Ele teve um pensamento: "Pai... não seja feita a minha vontade, mas a tua."[4]

A forma como pensamos molda nossa vida.

Cada ato bom ou terrível que vemos na história e em nossa vida é precedido de um pensamento. Aquele único pensamento se multiplica em muitos pensamentos, que se desenvolvem em uma mentalidade, geralmente sem que percebamos. Nosso objetivo é sermos conscientes de nossos pensamentos e os moldarmos deliberadamente em mentalidades que levem a resultados que queremos e a resultados que Deus quer para nós.

Um pensamento que honre a Deus tem o potencial de mudar a trajetória tanto da história quanto da eternidade. Da mesma forma que uma mentira ininterrupta em minha cabeça tem o potencial de trazer uma destruição inimaginável no mundo a meu redor.

O campo de batalhas não se resume a você gritar com seus filhos, sonegar impostos ou ficar no celular por horas a fio.

O campo de batalhas não é nem mesmo nosso serviço no abrigo de sem-tetos da cidade ou nossa contribuição na equipe do estacionamento da igreja.

O epicentro do campo de batalhas — a fonte de toda palavra e ato que sai de nossa boca e vida — começa em nossa vida mental.

Você não é o que você come.

Você não é o que você faz.

Você é o que você pensa.

A Bíblia diz: "Porque, como imagina em sua alma, assim Ele é."[5]

Satanás sabe que somos o que pensamos —, portanto, se estamos acreditando em coisas que não são verdade sobre nós, então estamos acreditando no que o diabo quer que acreditemos, em vez daquilo que Deus quer que acreditemos.

Você provavelmente sabe que pensamento recorrente é esse para você, aquele único pensamento persistente que, mais do que qualquer outro, informa seus outros pensamentos e, sim, suas ações.

O inimigo lhe dirá que é inútil mudar, que você é uma vítima de suas circunstâncias e de seus padrões de pensamento.

O inimigo quer que você se acomode, que encontre uma forma de apenas sobreviver e que seja relativamente feliz.

O inimigo lhe incitará a aceitar que "você é assim mesmo", que seu pensamento está tão profundamente enraizado em sua personalidade ou em sua formação que jamais mudará.

Seu primeiro objetivo é capturar o pensamento — ter a coragem de enfrentar aquele pensamento destrutivo e determinante e interrompê-lo: *Eu tenho escolha.*

Lembre-se, essa jornada não é, primeiramente, a respeito de uma mudança comportamental, apesar de ser um possível subproduto dela.

Não posso prometer que essa jornada mudará suas circunstâncias. Você ainda pode perder seu emprego, lutar contra uma doença autoimune ou não encontrar o marido perfeito.

Levar todo pensamento cativo não tem a ver com o que nos acontece. Tem a ver com escolher acreditar que Deus está conosco, que está aqui por nós e nos ama, ainda que todo inferno se levante contra nós.

Mas tenho notícias melhores: capturar pensamentos e, depois, acreditar na verdade informará e moldará todos os aspectos de sua vida e lhe trará paz e alegria que transcendem suas circunstâncias. Como? Porque Jesus derrotou o pecado, Satanás e a morte, e ressuscitou do túmulo; e porque esse mesmo poder de ressurreição reside em homens e mulheres que foram resgatados pelo evangelho.

Essa é uma jornada para a alegria que não faz o menor sentido com base em nossas circunstâncias.

Essa é uma luta por um propósito claro e focado, em meio ao consumismo desenfreado.

Essa é uma paz dada por Deus para nossas temporadas de sofrimento que supera nossa compreensão.

Esse é um tempo de redenção em meio a distrações e ruídos sem precedentes. É a beleza de estimar os outros em meio a uma cultura narcisista.

Isso é aprender a falar a verdade com amor em um mundo que diz que jamais devemos ofender.

É assim que você pode respirar fundo e dormir em paz em uma sociedade guiada pela ansiedade.

Esse é um modo de viver de outro mundo.

Você, como fiel, é uma cidadã de outra realidade. Vamos aprender a pensar dessa forma.

Nesta parte do livro, quero oferecer uma série de padrões que me ajudaram a me posicionar para realizar a mudança do pensamento negativo, carnal e mundano para a forma sobrenatural, porém simples, sobre a qual o apóstolo Paulo falou — pensar assim reflete a mente de Cristo.

Quando ficamos confusas, ou nos distraímos do foco principal, acabamos discutindo sobre problemas sem importância, usando toda nossa energia para lutar contra o inimigo errado, sem perceber que fomos enganadas. Se não tivermos cuidado, um dia abriremos os olhos e veremos que estávamos na batalha errada o tempo todo. Veremos que estamos lutando contra o que é externo, quando as Escrituras são claras em Efésios que "não é contra carne e sangue que temos que lutar, mas sim contra os principados, contra as potestades, conta os príncipes do mundo destas trevas, contra as hostes espirituais da iniquidade nas regiões celestes."[6]

Se uma das maiores ferramentas do inimigo é a *confusão*, quando ficamos confusas, ele ganha o dia. Então deixe-me expor claramente aonde estamos indo na próxima parte deste livro — o problema que enfrentamos, a missão que assumimos e nossa vitória no final.

O Problema

Cada pensamento tóxico, ciclo emocional desgovernado e armadilha do inimigo em que caímos, por algum motivo, envolve uma crença errada a respeito de Deus.

Não quero complicar demais o problema. Romanos 8 coloca isso de forma muito clara: uma mente voltada para a carne leva ao pecado e à morte, e uma mente voltada para o Espírito leva à vida e à paz.[7] Essa é a realidade simples que enfrentamos.

Mas deslocar nossa mente da carne para o Espírito é um trabalho contínuo da vida espiritual. Não é uma decisão única, mas uma escolha diária e de todo momento, para sair do caos e da confusão em direção à paz de Cristo em diversas áreas de nossa vida mental.

Cada um dos inimigos sobre os quais vamos discutir aqui tem origem em uma realidade central: a de uma batalha sendo travada por nossa vida. Entre nós e a vitória existe uma destas três barreiras — ou talvez todas as três:

- o diabo
- nossas feridas
- nosso pecado

Às vezes o ataque vem direto de Satanás, e sua estratégia é óbvia. Ele nos tenta com o mal e ama infligir sofrimento. No entanto, ele geralmente é sorrateiro, nos tenta com sucessos e nos hipnotiza com confortos, até que estejamos entorpecidos e apáticos acerca daquilo que importa.[8]

Outra coisa igualmente real, já que vivemos em um mundo em declínio, é que a fragilidade é nossa casa (pelo menos por enquanto). Vemos essa realidade em todo lugar. Em famílias desfeitas e em desejos que parecem nunca ser satisfeitos, as circunstâncias nos assolam tão constantemente que chegam a gritar: "As coisas não são como deveriam ser!" Porém, raramente percebemos, pois esse é o único lar que conhecemos. Nossa tendência é carregar por aí uma dor profunda de nossa fragilidade que raramente percebemos, sem jamais lidarmos com ela ou nos curarmos dela.

Por mais difíceis que essas duas primeiras realidades sejam, no entanto, o problema mais comum que enfrentamos assume a forma de pecado. Especificamente *nosso* pecado — ou seja, as coisas que eu e você fazemos. Ou *não* fazemos, seja qual for o caso.

Na maior parte do tempo, eu e você não seremos derrubadas por um ataque demoníaco enorme. Nossas pequenas escolhas particulares estão conseguindo tudo o que o diabo pretende — nossa passividade e destruição —, com zero esforço da parte dele. Ele está à espreita para "roubar, matar e destruir."[9]

Sinceramente, costuma ser difícil saber qual das três está por trás do ataque, mas a conclusão é: estamos em guerra!

Por isso a necessidade de uma estratégia direcionada.

A Missão

Para nos defendermos em meio à batalha, aprenderemos a nomear os inimigos específicos que cada uma de nós enfrenta. Identifiquei sete inimigos que considero ferozes e ofensivos contra nossa mente. Aprenderemos a usar as armas certas no tempo certo, para superar o inimigo, desfrutar de uma intimidade renovada com Jesus e andar com a maior liberdade que já tivemos.

Ufa. Uma tarefa árdua!

Felizmente para nós: *Deus é grande.*

Vamos nomear as mentiras que nos ameaçam. Vamos aprender a identificar os sinais de que caímos na armadilha do inimigo, a combater a guerra contra nossa mente. Aprenderemos o que acontece quando escolhemos deslocar nossos pensamentos para Deus, para a verdade de quem Ele é e para a verdade de quem somos por causa d'Ele. Vamos aprender a aproveitar coisas como comunidade, serviço e gratidão, conforme vivemos a verdade. E sairemos vitoriosas no final.

O que me traz à arma secreta que garante o resultado de nossa missão.

A Vitória Que É Nossa

Em Deuteronômio 20, Deus lembra ao povo de Israel que Ele está com eles em suas batalhas e que Ele está conosco:

Ouça, ó Israel, hoje vocês vão lutar contra os inimigos. Não se desanimem nem tenham medo; não fiquem apavorados nem aterrorizados por causa deles, pois o Senhor, o seu Deus, os acompanhará e lutará por vocês contra os inimigos, para lhes dar a vitória.[10]

Pronta para a boa notícia? Por meio do sacrifício de Jesus na cruz, Deus tomou como Suas as lutas que enfrentamos. Por causa de Jesus, cada luta foi, por fim, vencida. A vitória? Já é sua. Já é minha.

O que nos resta é declarar essa vitória. Vamos olhar tanto para os inimigos de nossa mente quanto para as vitórias que nos libertam. Se Deus está em nós e está aqui por nós, então eu e você podemos escolher lutar, partindo de uma posição vitoriosa. Podemos ficar confiantes de que Deus prevalecerá.

Falamos sobre o que significa levar todo pensamento cativo e sobre o pensamento de interrupção: *Eu tenho escolha*. Agora, estamos prestes a entrar em guerra contra os pensamentos descontrolados que nos definem. Uma vez que o pensamento seja interrompido, entraremos em um terreno neutro.

Temos, então, que decidir se escolheremos vida e paz, a mente de Cristo, os frutos do Espírito — ou pecado e morte, a mente da carne.

Em cada um dos próximos sete capítulos, vamos reeducar nossa mente para pensar na verdade. Conforme entramos em guerra com cada pensamento tóxico e deturpado, começaremos a ver os frutos e a liberdade de nossa crença na verdade, entrando pouco a pouco em nossa identidade como filhas de Deus. Os pensamentos caóticos e descontrolados que por tanto tempo nos mantiveram presas darão espaço à paz, à beleza e à vida abundante que Jesus morreu para nos dar.

Tá bom... Tempo em silêncio com Deus. Você já viu minha agenda?

Não sou muito o tipo de pessoa que gosta de distanciamento e solidão.

Enlouqueço se tudo estiver muito silencioso.

Tenho certeza de que Deus tem coisas melhores a fazer do que me ajudar com meus pequenos problemas.

Não tenho tempo para desacelerar.

Sinto-me melhor quando termino minha lista de afazeres.

8

Reservando Espaço para o Silêncio

Escolho Aquietar-me com Deus

Há pouco tempo, uma amiga me procurou. Ela estava se descontrolando emocionalmente tão rápido que era possível ver aquilo afetá-la fisicamente. Coloquei minha mão em seu braço, como se fosse segurá-la em pé — ou firmá-la — enquanto ela falava. Seu casamento estava passando por problemas. Um de seus filhos estava dando trabalho. Seu ritmo de vida a estava enlouquecendo. Um mal-entendido havia causado um distanciamento entre ela e uma amiga querida.

Ouvi enquanto ela descrevia essas lutas e sabia que não tinha o poder de fazê-la parar o descontrole naquele momento. Ainda que houvesse uma dúzia ou mais de problemas práticos a resolver, antes de tudo, ela precisava da única coisa que poderia lhe trazer paz. "Amo você", disse a ela olhando em seus olhos, "mas agora você precisa de Jesus."

Sim, haveria tempo para nos conectarmos.

Sim, eu a ajudaria de qualquer forma que pudesse.

Sim, minha amiga precisaria do apoio das pessoas em quem confiava para seguir em frente.

Mas, agora, enquanto a espiral a assolava com tudo, ela precisava primeiro ficar sozinha com Deus. Ela precisava daquilo que só Jesus tem a oferecer.

Eu disse: "Agora vou deixá-la, e você passará 30 minutos sozinha com Deus."

Ela consentiu.

Na quietude e no silêncio, nós não apenas nos conectamos com Deus, como também somos capazes de identificar mais claramente o que está errado. Reconhecer nossas espirais e nomeá-las é o primeiro passo para interrompê-las.

Ela estava presa na espiral, desesperada e louca por respostas; porém, ao falar com ela novamente 24 horas depois, a única coisa que ela tinha a dizer eram os 20 motivos pelos quais aquele tempo a sós com Deus não aconteceu. Ah, entendo. Sou igual!

Por que é tão incrivelmente difícil fazer aquilo que é o melhor e mais simples pela saúde de nossa alma em longo prazo?

Eu lhe digo: porque o verdadeiro, íntimo e conectado tempo com Jesus é a única coisa que aumenta nossa fé, muda nossa mente, revitaliza nossa alma e nos compele a compartilhar Jesus com os outros. É onde a espiral para.

Sendo bem clara: o inferno todo é contra nosso encontro com Jesus.

Refugiando-se na Ocupação

Durante minha própria temporada de 18 meses de dúvidas e peso, raramente optava por passar tempo sozinha com Deus, exceto pelo estudo e pela preparação para os ensinos bíblicos. Minha tendência era atravessar a noite e superar a exaustão inevitável com café, depois mais café, conforme tocava meu dia. Se conseguisse ficar ocupada, meus pensamentos não tão concretos continuariam, e a dúvida não conseguiria me pegar. Se me mantivesse distraída, não sentiria dor alguma.

Porque, se eu desacelerasse o suficiente para olhar minha alma, poderia ficar sobrecarregada com tudo o que precisava ser consertado em mim. Não queria ouvir o que Deus teria para me dizer — ou correr o risco de que Ele continuasse em silêncio, escondido, aumentando minha dúvida sobre Sua existência e Seu amor.

Existem inúmeras formas de evitar o silêncio, diversos tipos de ruídos que escolhemos para preencher os enormes vazios em nossa alma. As mídias sociais são as mais óbvias. Mantemos músicas tocando no carro ou em nossos fones de ouvido. Enchemos nossas agendas com todas as coisas boas que acreditamos que deveríamos estar fazendo. Desdobramo-nos entre comitês e trabalhos exigentes e tentamos manter contato com um número insustentável de amigos — ainda assim, nos sentimos isoladas. Geralmente estamos fazendo tanto para Deus, mas raramente nos encontramos com Ele. E sentimos que estamos fracassando em tudo.

Em meio a essa ocupação, tornamos impossível ouvir Sua voz dizendo: "Aquiete-se e saiba que eu sou Deus."[1]

Do que estamos fugindo? O que nos impede de arrumar espaço e tempo para a quietude da qual tanto precisamos?

Está pronta?

Sim, somos ocupadas e distraídas, e é muito difícil ficarmos quietas.

Mas também temos medo de encarar a nós mesmas e, por sua vez, encarar a Deus.

Temos medo de sermos descobertas.

Nós nos esquecemos de que Ele não somente nos ama, como, na verdade, também gosta de nós.

Sim, Ele vê tudo; Ele conhece cada um de nossos pensamentos antes mesmo de pensarmos, afirmou o salmista.² No entanto, de alguma forma, diferentemente dos humanos, Ele tem graça para tudo e todos.

Ainda assim, como Adão e Eva no Jardim do Éden, na vida, nós nos enxergamos nuas e com medo; então escolhemos nos esconder.

O que tememos que possa ser descoberto? Eis algumas coisas que vi tanto em minha própria vida quanto na vida daqueles que conheço e amo:

1. *O medo de ser colocada em ação.* Ficar sozinha com Deus tem o poder de trazer à superfície de nossa consciência ações que tentamos muito evitar. A necessidade de perdoar alguém que a enganou? Aproximar-se de uma pessoa que você magoou? Cumprir um compromisso que tem negligenciado? Ficar quieta com Deus a lembrará dessas coisas e de milhares de outras.

2. *O medo de ser solicitada a mudar.* Pior ainda, e se a solidão revelar não somente uma ação específica que você precisa fazer, mas também um problema maior do qual precisa se arrepender? O hábito de beber muito álcool à noite. A tendência crescente de gritar com seus filhos. A atração para o Facebook quando está sendo paga para trabalhar. Se não arrumarmos tempo quando o Espírito Santo pode nos ajudar a avaliar a qualidade de nossa vida, então nos convencemos de que não precisaremos avaliar sua qualidade. Fácil, certo? Sim. Mas essa não é a melhor abordagem.³

3. *O medo de estar totalmente sozinha no mundo.* Esse é claramente aquele com que mais me identifico. Por que me recusei a praticar a solidão durante aquele período de 18 meses? Porque estava com medo de que, se buscasse a Deus, não receberia nenhuma resposta. Odeio não ter quebrado essa distância antes.

O tempo em silêncio não é tão quieto assim, certo? Nossa cabeça, na verdade, fica mais barulhenta quando o barulho ao nosso redor some.

Por trás de cada um desses medos há uma mentira: *Não posso encarar Deus como sou.* Tudo o que conseguimos enxergar a princípio é a bagunça. Eis a verdade: estamos perturbadas, cada uma de nós. E é exatamente por isso que precisamos de tempo sozinhas com Deus, em silêncio, para que possamos ouvir Sua voz curadora. Temos uma escolha entre o caos e o silêncio, entre o ruído e a solidão com Deus, entre a negação e a cura.

Então por que é perigoso continuar acreditando nessa mentira? Porque os humanos jamais ficam neutros. Estamos sempre indo em direção a algo ou nos afastando de algo.

O antídoto para fugir de nós mesmas é ir em direção ao Único que nos ajuda a superar nós mesmas. A mentira é que nos envergonharemos. **A verdade é que o Deus que é criador e soberano no Universo e o Deus que conquistou o pecado e a morte é o Deus que quer estar com você em sua dor, dúvida e em outras circunstâncias.** "O objetivo da bondade de Deus é guiar seu arrependimento."[4]

MENTIRA: Vou me sentir melhor se ficar distraída.

VERDADE: Apenas estar com Deus me satisfará.

> Melhor é um dia nos teus átrios do que mil noutro lugar.[5]

ESCOLHO AQUIETAR-ME COM DEUS.

O que se tornou extremamente claro para mim, quando iniciei o contato com Deus novamente, foi que os medos que havia internalizado a respeito de conectar-me com Ele eram totalmente infundados. Isso não deveria ser nenhuma surpresa. Se eu lhe pedisse para completar a frase: "Quando nos aproximamos de Deus...", qual é a verdade que segue? *"Ele se aproxima de nós."*

A frase foi tirada de Tiago 4, de uma passagem que alerta os fiéis a não serem dominados pela realidade mundana. O apóstolo escreveu:

> Vocês não sabem que a amizade com o mundo é inimizade com Deus? Quem quer ser amigo do mundo faz-se inimigo de Deus. Ou vocês acham que é sem razão que a Escritura diz que o Espírito que ele fez habitar em nós tem fortes ciúmes? Mas Ele nos concede graça maior. Por isso diz a Escritura: "Deus se opõe aos orgulhosos, mas concede graça aos humildes." Portanto, submetam-se a Deus. Resistam ao diabo, e ele fugirá de vocês.[6]

Então, ele escreveu de forma resumida: "Aproximem-se de Deus, e ele se aproximará de vocês."[7]

Quando nos humilhamos perante Deus, submetendo-nos totalmente a Ele, independentemente do que nos manteve longe — e independentemente do que estivéssemos fazendo enquanto estávamos longe e por quanto tempo permitimos que esse abismo crescesse —, descobrimos que Ele sempre esteve lá, esperando a nossa volta.

O Poder da Atenção Plena

Amiga, nós fomos fisicamente feitas para o silêncio. Deus nos fez dessa forma, e a ciência confirma esse projeto. Além do impacto espiritual do tempo a sós com Deus, segundo o emergente campo da neuroteologia, a meditação em silêncio literalmente muda nosso cérebro.

Quando desligamos as distrações constantes e ficamos em silêncio perante Deus, concentrando-nos intencionalmente em sua Palavra e meditando verdadeiramente nela, algumas coisas acontecem:

Nós Temos Escolha

EMOÇÃO
DESCONTENTAMENTO

PENSAMENTO
ME SENTIREI MELHOR SE FICAR DISTRAÍDA

COMPORTAMENTO
ENTRADAS CONSTANTES

RELACIONAMENTOS
CARENTES E FRENÉTICOS

CONSEQUÊNCIA
INSEGURANÇA

CONSEQUÊNCIA
SEGURANÇA

RELACIONAMENTOS
CALMANTES E RECONFORTANTES

COMPORTAMENTO
ORAÇÃO E MEDITAÇÃO

PENSAMENTO
APENAS ESTAR COM DEUS PODE ME SATISFAZER

ESCOLHO AQUIETAR-ME

EMOÇÃO
DESCONTENTAMENTO

- Seu cérebro será fisiologicamente alterado. "Cientistas descobriram que o cérebro das pessoas que passam incontáveis horas em oração e meditação são diferentes."[8]

- Sua imaginação será renovada. "Pensamentos inadequados podem ser combatidos com pensamentos positivos, como pensar em um novo hobby, tocar música, repetir uma citação inspiradora, ou alguma outra atividade positiva", escreveu Sam Black, da Covenant Eyes.[9]

- O tipo de ondas cerebrais presentes durante o relaxamento aumenta, e a ansiedade e a depressão diminuem. "Diversos estudos mostraram que indivíduos que meditavam por um curto período apresentavam aumento das ondas alfa (as ondas cerebrais relaxadas) e diminuição de ansiedade e depressão."[10]

- Seu cérebro continua jovem por mais tempo. "Um estudo da UCLA descobriu que meditadores de longa data tinham cérebros mais bem preservados do que aqueles que não meditavam conforme envelheciam."[11]

- Você terá menos pensamentos errantes. "Um dos estudos mais interessantes dos últimos anos, realizado na Universidade Yale, descobriu que a meditação mindfulness diminui a atividade na Rede de Modo Padrão (RMP), a rede cerebral responsável pela divagação da mente e por pensamentos autorreferentes — também conhecidos como 'mente de macaco'".[12]

- Uma hora sua perspectiva mudará. "Quando reservamos tempo para ouvir o que Deus tem a nos dizer", escreveu o professor de Bíblia Charles Stanley, "vemos quanto Ele nos ama e quer nos ajudar em todas as situações da vida. Ele nos dá confiança para viver uma vida extraordinária no poder e na graça de Seu Espírito."[13]

Volte à história de Saulo ao encontrar Jesus na estrada para Damasco e verá que, como todas as outras distrações — não somente a comida e a água, mas também a *visão* — que foram retiradas de sua vida, ele pôde *enxergar claramente pela primeira vez na vida*. Como Saulo, quando tiramos nossos pensamentos de nossos problemas e os colocamos no Único que tem a solução em Suas mãos, obtemos sabedoria que, de outra forma, não teríamos. Obtemos percepções que não experimentaríamos de outra maneira. Encontramos Alguém que está *disposto* a nos ajudar e é *capaz* de nos ajudar; portanto, está singularmente preparado para intervir.

Começamos a ver as coisas como elas realmente são, e não como nos parecem. Quantas vezes criamos enredos inteiros com base na pior hipótese? Quantas vezes imaginamos a raiva de alguém contra nós simplesmente por causa de um olhar enviesado que não tinha nada a ver conosco?

Nós construímos narrativas inteiras que começam a ter vida própria, com base em suposições e em nossa imaginação hiperativa — tudo porque atentamos aos medos, às distrações e às piores hipóteses.

Já foi dito — e acho que seja verdade — que o ativo mais valioso que temos é nossa atenção, o que leva à pergunta: a que estamos dando atenção?

Estamos dando atenção aos nossos medos? Ou ao Deus que promete estar conosco?

Estamos dando atenção às nossas dúvidas? Ou à verdade que nunca muda?

Estamos dando atenção à nossa necessidade de controle? Ou ao plano de Deus para nós, ainda que o caos se instale na realidade presente?

Estamos dando atenção à forma como nos comparamos aos outros? Ou à gratidão que temos por tudo o que Deus fez por nós?

Estamos dando atenção às nossas preocupações acerca de nossa saúde, conta bancária, carreira, nosso cônjuge, nossos filhos, arrependimentos ou nosso passado? Ou estamos dando atenção ao Deus vivo?

Em minha experiência, somos capazes de fazer um ou outro, mas não ambos ao mesmo tempo. Daremos atenção às coisas que estão nos pressionando ou assumiremos o fardo leve de Cristo. "Venham a mim, todos os que estão cansados e sobrecarregados", disse Jesus, "e eu lhes darei descanso. Tomem sobre vocês o meu jugo e aprendam de mim, pois sou humilde e manso de coração, e vocês encontrarão descanso para as suas almas. Pois o meu jugo é suave e o meu fardo é leve."[14] *Venham a mim*, diz Ele. *Aquietem-se e saibam que eu sou Deus.*

MAS PRIMEIRO, INSTAGRAM

É uma típica manhã de segunda-feira. Já mandei as crianças para a escola e estou ansiando por um tempo a sós com Deus, desejando Sua contribuição, sabedoria e força. Se eu fosse diferente, voltaria para casa depois de deixar as crianças na escola, encheria uma xícara de café, me aconchegaria em uma poltrona na sala de estar, me acostumaria ao silêncio e me aproximaria d'Ele... mas sou o que sou.

Conduzo o carro em direção à nossa igreja e chego lá o mais rápido que consigo (legalmente).

Nossa igreja é um lugar enorme. O estacionamento é grande. O auditório é grande. A capela é grande. A cafeteria? Grande também, o que significa que pode acomodar um enorme número de pessoas a todo momento. Eu amo um número grande de pessoas, mesmo em manhãs em que minha meta é a solidão. Eu estaciono, entro, escolho uma mesa no terraço coberto, peço um café e começo a me acomodar em uma cadeira de madeira reclinada. Antes de minhas costas tocarem o assento, ouço uma amiga chamar "Jennie!" enquanto vem em minha direção. *Ah, minhas pessoas. Olá, olá!*

ESCOLHO AQUIETAR-ME →

Enquanto converso com minha amiga, outra amiga chega e vem conversar um pouco. Quando a primeira amiga pede licença para atender a uma ligação, uma conhecida da segunda amiga se apresenta. As coisas continuam dessa forma, um fluxo infinito de interações e conversas, uma amiga minha aparecendo, depois uma amiga dela parando para conversar conosco e, antes que eu me dê conta, já se passou meia hora. Tudo bem. Sempre acontece isso. Por causa de minha extroversão inabalável, preciso que seja assim.

Conforme essas conhecidas e amigas seguem em suas conversas e sua programação para aquele dia, eu retomo meu lugar na cadeira de madeira. Tiro meus fones da mochila, aqueles grandões acolchoados, que não deixam dúvidas para os passantes de que estou "ocupada". Coloco-os sobre minhas orelhas, pego minha Bíblia, meu diário e uma caneta e, pelos 30 ou 40 minutos seguintes, eu me encontro com o Deus vivo. Quer dizer, logo depois de rolar meus feeds e conferir inboxes: Instagram, e-mail, Facebook, de volta ao Instagram.

Ufa. Honestamente, de todo trabalho duro que fiz neste último ano para levar meus pensamentos cativos, esse tem sido o mais difícil — ficar sentada, sozinha, em silêncio. Ao mesmo tempo, o único padrão que tem sido mais útil para mim este ano desde aquela viagem à Uganda é esse mesmo hábito, a prática de tempo sozinha com Deus. Motivo pelo qual quero abordá-lo aqui no início de nossa luta contra padrões de pensamentos mundanos.

É aqui que nossa vida mental muda. **Conexões com Deus são o fundamento de todas as outras ferramentas divinas com as quais podemos lutar.** Começamos aqui porque, se queremos uma mudança sobrenatural, temos que recorrer ao nosso Deus sobrenatural para encontrá-la.

Quero explorar Gálatas 5, onde Paulo descreveu os efeitos tanto de retirar-se da presença de Deus quanto de aproximar-se dela. "Por isso digo: Vivam pelo Espírito, e de modo nenhum satisfarão os desejos da carne", escreveu ele.

> Pois a carne deseja o que é contrário ao Espírito, e o Espírito, o que é contrário à carne. Eles estão em conflito um com o outro, de modo que vocês não fazem o que desejam. Mas, se vocês são guiados pelo Espírito, não estão debaixo da Lei. Ora, as obras da carne são manifestas: imoralidade sexual, impureza e libertinagem; idolatria e feitiçaria; ódio, discórdia, ciúmes, ira, egoísmo, dissensões, facções e inveja; embriaguez, orgias e coisas semelhantes. Eu os advirto, como antes já os adverti: aqueles que praticam estas coisas não herdarão o Reino de Deus. Mas o fruto do Espírito é amor, alegria, paz, paciência, amabilidade, bondade, fidelidade, mansidão e domínio próprio. Contra essas coisas não há lei. Os que pertencem a Cristo Jesus crucificaram a carne, com as suas paixões e os seus desejos.
> Se vivemos pelo Espírito, andemos também pelo Espírito. Não sejamos presunçosos, provocando uns aos outros e tendo inveja uns dos outros.[15]

Bem, é fácil olhar para essa lista de obras da carne e passar um pano para nós mesmas. Como não costumo ser tentada por feitiçaria ou orgias alcoólicas, permito-me relaxar perante minhas próprias obras da carne: minha amada Netflix, os acessos de raiva que meus filhos provocam em mim e a separação entre mim e Deus que permiti acontecer por um ano e meio.

Precisei muito de Sua presença.

Ainda preciso dela.

Por quê? Porque até meu melhor dia não tem cor em comparação à realidade que Ele diz que posso viver. E o mesmo serve para você.

Porque o fruto do Espírito é nossa nova forma de ser; Paulo diz que podemos ser pessoas que amam — não só de vez em quando, mas intencionalmente.

Ele diz que podemos ser pessoas alegres. Podemos ser pessoas bondosas, pacientes e pacíficas.

Ele diz que podemos ser bons. Não para receber alguma validação cósmica, mas simplesmente porque nosso Pai é bom.

Ele diz que podemos ser fiéis. *Não precisamos vacilar em nossa fé*. Cara, como eu queria ter continuado conectada a essa verdade um ano e meio atrás. Pela graça de Deus, ficarei conectada a ela agora.

Ele diz que podemos ser gentis e ter autocontrole.

Mas se eu e você quisermos viver isso não apenas como uma possibilidade, mas como uma realidade diária e em todos os momentos, precisamos andar pelo Espírito e não ser atordoadas por nossos pensamentos caóticos em espiral. Em outras palavras, precisamos urgentemente da presença de Deus.

"Pai", podemos dizer a Ele, "ajude-me a enxergar as coisas não como me *parecem*, mas como elas realmente *são*."

Em Que Você Está Realmente Pensando?

Quando um de nossos grupos estava falando sobre escolher tempo com Deus em vez de nossas distrações, minha amiga Caroline, que é veterana em uma faculdade da região, me disse: "Jennie, sei que deveria estar pensando em Deus em vez de todo esse caos e confusão. Uma pergunta: em que você pensa quando pensa em Deus?"

Reclinei-me, impressionada com o fato de que a mulher mais nova no local havia lançado a verdadeira pergunta. Você não pode simplesmente soltar um clichê bonitinho para uma questão tão grande sobre pensar em Deus. Se esse for, afinal, um chamado para habitar Cristo, então como fazemos isso na prática?

Lembra-se daquele mapa mental que lhe pedi para fazer antes, onde você anotou a principal emoção que estava sentindo e por quê? Deixe-me lhe mostrar como essa prática de quietude, de solidão na presença de Deus, é a base de nossa estratégia de interrupção de todos os tipos de padrões de pensamentos problemáticos. Enquanto você observa seu mapa mental, pense em como simplesmente pensar em Deus pode mudar esses pensamentos em espiral.

Digamos que você esteja enterrada sob uma pilha de estresse e angústia por causa de algumas situações no trabalho. É assim que os pensamentos provavelmente conseguem se esgueirar para dentro de sua mente:

- Estou sobrecarregada porque tenho muitas coisas a fazer.
- Estou chateada porque fui desconsiderada para a promoção que merecia.
- Estou ansiosa porque estou atrasada em meu projeto e decepcionando as pessoas.
- Estou frustrada porque minha chefe é adepta da microgerência.
- Estou com raiva porque ela foi grosseira.
- Estou estressada porque estou trabalhando incontáveis horas e, ainda assim, não consigo pagar as contas.

Agora note um padrão em cada um desses pensamentos:

[Emoção negativa] *porque* [motivo].

- Estou estressada *porque* estou trabalhando incontáveis horas.
- Estou frustrada *porque* minha chefe não confia em mim.
- Estou com raiva *porque* ela foi grosseira.

Quero que você veja neste e nos próximos capítulos que, com cada uma das armas que Deus nos deu para empunharmos nessa batalha por nossa mente, conseguimos reescrever esse padrão enquanto retomamos o poder que Ele nos deu.

Em outras palavras, podemos reestruturar cognitivamente nossas situações com o seguinte novo padrão:

[Emoção negativa] e [motivo], **então vou** [escolha].[16]

- Estou chateada *e* fui desconsiderada, *então escolherei* lembrar-me de que Deus não se esqueceu de mim.
- Estou com raiva *e* ela foi grosseira, *então escolherei* meditar na bondade de Deus comigo.
- Estou sobrecarregada *e* tenho muito a fazer, *então pararei e escolherei* agradecer a Deus por existir fora das barreiras do tempo e por me permitir realizar apenas aquilo que preciso fazer.
- Estou estressada *e* temo por minhas finanças, *então escolherei* orar em vez de temer.

Quando você está presa em uma espiral descendente de distração, para qual verdade pode direcionar seus pensamentos, a fim de combater a mentira de que qualquer coisa é capaz de satisfazê-la tanto quanto se aquietar perante Deus?

Durante um estudo bíblico sobre Filipenses em nossa igreja, minha amiga, Rachel, surpreendeu a todos nós com a narração de uma peça que ela havia escrito sobre guardar nosso coração e cuidar de nossos pensamentos. Segundos após o início da fala dela, percebi que talvez pudesse usar menos palavras na vida, pois ela resumiu 5 semanas de meu ensino de forma muito poética. Todos se identificaram com suas palavras, o que significa que não estamos sozinhas em nossas espirais. Será que é possível estarmos todas lutando a mesma guerra? Eis o que ela compartilhou conosco:

A mente é algo corrompido.
Ela corre, disputa e marcha para me levar a lugares
que me consomem, distraem e me tentam a crer
que não sou boa o suficiente... e jamais serei.

Você precisa se esforçar para sobreviver,
crescer e continuar a viver neste mundo
de ideais, imagens, ídolos e ícones
em constante mutação e evolução.

Você precisa lutar por seu valor,
purificar a si mesma,
fazer mais, ser melhor,
não mostrar fraqueza, ser forte,
tentar ser suficiente,
colecionar pilhas de tesouros e afins.
Talvez, então,... você será amada.

Sim, a mente é algo corrompido.
Se não for vigiada e guardada,
pode atacá-la, roubá-la e prendê-la em uma emboscada,
deixando-a presa, obcecada consigo mesma,
    sonolenta e escravizada.

Mas "se alguém está em Cristo, é nova criatura.
As coisas antigas já passaram; eis que surgiram coisas novas."
Sua mente não precisa estar descontrolada.
Esses pensamentos, voltas e ciclos podem parar.

Você não está desarmada; tem uma ferramenta
    para interromper
os pensamentos acelerados, corridos, classificadores,
incansáveis, infinitos, repetitivos, frustrantes,
distrativos, desorientadores, desgastantes e controladores.

Sim! Você pode interromper e combater as mentiras,
as flechas do inimigo que cruzam o escuro da noite.
Elas estão vindo atrás de você, mas não querem ser percebidas.
Você tem a Palavra, você tem luz, você tem vida.

Desperte de sua perspectiva deturpada que a mantém
   desesperadamente focada em si mesma.
Em vez disso, fixe o olhar para enxergar, saber e entender o que
   realmente importa.
Você não é uma vítima da própria mente,
pois, se você está em Cristo, tem vitória.

Um Deus que a ama, a conhece e lhe mostrou
um amor tão radical, íntimo, pessoal e louco
que Ele escolheria perder um filho dolorosamente,
para reconciliar toda a humanidade. "Cristo morreu em nosso
   favor quando ainda éramos pecadores."

É difícil entender totalmente a grandeza de Sua perseverança,
Sua misericórdia e Sua graça que superam quaisquer erros que
   eu ou você tenhamos cometido,
para nos tirar do poço em que nos encontrávamos.
E se você O conhecesse verdadeiramente, O amaria.
Você acreditaria n'Ele.
E você eliminaria qualquer semente de pensamento que
   deturparia, frustaria e afastaria sua mente de
   qualquer coisa que seja real,
      digna,
      justa,
      pura,
      amável,
      louvável.

Sim, a mente é algo corrompido,
Mas o Espírito de Deus habita mais profundamente, Sua palavra
  soa mais verdadeira,
Pois em Cristo Jesus somos livres.[17]

Nós somos livres. Viveremos junto a Ele, conscientes dessa realidade? Ou permaneceremos em nossa destruição?

Nós temos escolha.

As pessoas simplesmente não se aproximam de mim.

Se as pessoas soubessem quanto já
pisei na bola, fugiriam de mim.

Não gosto muito de estar na companhia de outras pessoas.

Sempre fui mais reservada
e gosto de ser assim.

As pessoas não se importam
com o que tenho passado.

Ninguém me entende de verdade.

As pessoas não precisam ouvir meus problemas.

9

Salvação

Escolho Ser Conhecida

LOGO ANTES DE ZAC E EU ADOTARMOS COOPER, NOSSO FILHO, QUE PASsou seus primeiros 4 anos de vida em um orfanato nas colinas de Ruanda, fizemos um "treinamento de adoção". Não era exatamente esse o nome, mas era a respeito disso que se tratava. Nunca tínhamos adotado uma criança, então bebemos avidamente o conhecimento de todas as aulas, determinados em fazer isso direito.

Passados todos esses anos, a maior parte do que absorvi naquelas aulas sumiu de minha memória, mas uma lição marcou meu coração tão profundamente que acho que me lembrarei dela para sempre. A lição foi: "Se quer que seu filho prospere, faça com que ele se sinta *visto e amado.*"

Sentir-se visto e amado — isso é absolutamente tudo, o fundamento e a estrutura sobre os quais nos desenvolvemos e prosperamos. Quando não temos isso, tudo ao nosso redor parece desmoronar em irrelevância e desespero. Como o conselheiro e escritor, Larry Crabb, escreveu: "Nenhuma mentira é mais comumente aceita do que a mentira de que podemos conhecer Deus sem que alguém nos conheça."[1]

Fomos feitas para sermos vistas e amadas.

Quando estava planejando este livro, sonhando com o impacto que ele teria, lembro-me de contar a uma amiga que gosta de tudo a respeito de neurologia sobre minha visão de "mudar a mente de toda a América do Norte", para que multidões de pessoas percebam que é, de fato, possível levar seus pensamentos cativos, para que *todo o mundo* finalmente comece a derrubar fortalezas, e mais. Eu estava tão apaixonada pela formação da minha visão que atropelei minhas palavras. Minha amiga ouviu pacientemente e, quando finalmente tomei fôlego, ela disse: "Sabe, Jennie, ninguém muda *nada* sozinho com um livro."

Ah! Que soco no estômago. *Ai.*

É claro que minha amiga estava certa. Não podemos nos encolhermos em nosso sofá, ler as páginas de um livro, orar e simplesmente *desejar* que nossa mente mude. Deus se preocupa não apenas com a postura de nosso coração, mas também com as pessoas ao nosso redor. Em termos da realização de nossa missão nesta vida, não podemos fazer nada que valha a pena sozinhos.

O próprio Deus existe em comunidade, a Trindade formada por Pai, Filho e Espírito Santo. Três pessoas, um Deus. Comunhão perfeita. Como o próprio Deus vive em comunidade, Ele nos formou para precisar de coletividade também. O apóstolo Paulo também deu muitas instruções de como devemos nos comportar perante uns aos outros: "Dediquem-se uns aos outros com amor fraternal. Prefiram dar honra aos outros mais do que a si próprios". "Tenham uma mesma atitude uns para com os outros." "Procurem aperfeiçoar-se, exortem uns aos outros, vivam em paz." "Mas não usem a liberdade para dar ocasião à vontade da carne; ao contrário, sirvam uns aos outros mediante o amor." "Sejam bondosos e compassivos uns para com os outros, perdoando-se mutuamente."[2]

Percebi que a ideia de viver em comunidade é mais uma *instrução* que costumamos considerar como *sugestão*. Podemos até tentar, mas, quando as coisas ficam difíceis, acabamos deixando de lado.

A comunidade é essencial. Estamos em uma geração que idolatra aquilo de que Deus quer nos afastar: a independência. A totalidade das Escrituras pressupõe a comunidade como um fato na vida de um seguidor de Deus. No Antigo Testamento, a comunidade se desenvolve dentro de um grupo de pessoas, enquanto no Novo Testamento ela se desenvolve dentro das igrejas locais.

Somos moradores de aldeias, feitos para sermos conhecidos, amados e vistos. Quase todos os grupos de pessoas em todas as gerações se reunia em torno de fogueiras em comunidades que realizam isso, mesmo que de forma imperfeita.

Ainda hoje, boa parte do mundo vive em aldeias. Recentemente, eu e meu marido estávamos em uma pequena aldeia na Europa e visitamos uma vendinha. O homem no balcão queria saber quem éramos e de onde vínhamos, porque ele conhece todos que entram em sua loja. Nós éramos forasteiros.

Pergunto-me se nós — como igreja, como norte-americanas, como mulheres — ainda nos vemos como aldeãs, aquelas que são conhecidas, notadas, amadas e vistas. Acho que sei a resposta. Acredito que seja não.

A Tentação de Fazer Sozinha

O primeiro inimigo, a distração, nos impede de buscar a ajuda de Deus para o caos em nossa cabeça. Este segundo inimigo, a vergonha, nos impede de atrair outros para ajudar.

Eu não queria me isolar na espiral de dúvidas por 18 meses; o que ocorreu foi que nunca consegui expressar — em voz alta — o que estava passando.

Meu amigo, Curt Thompson, psiquiatra e pensador brilhante sobre tudo relacionado ao cérebro, diz que, independentemente de quanto alguém pareça forte por fora, todos na face da Terra têm um medo profundamente enraizado que os assombra diariamente. *Se alguém realmente a conhecesse,* sussurra o medo, *a abandonaria.* Essa é a mentira da vergonha. Essa é a mentira que estilhaça sua autoestima — a mentira que lhe recorda, vez após outra, de seu eu real que não quer que os outros vejam.

Não sei quais são as palavras exatas que esse medo usa para atingi-la, mas, se você for parecida com as inúmeras mulheres com quem conversei ao longo dos anos, então as terríveis provocações são mais ou menos estas:

- *Se as pessoas soubessem o que fiz, não iram querer estar comigo.*
- *Se as pessoas vissem quem realmente sou, se afastariam de mim.*
- *Se as pessoas soubessem o que sou capaz de pensar, me excluiriam de suas vidas.*

Ou talvez a voz desse medo seja mais sutil:

- *Por que eu incomodaria os outros com meus problemas?*
- *Eu dou conta disso.*
- *Qual é minha vantagem em deixar alguém se aproximar?*

Quando damos ouvidos às mentiras acerca de nosso valor, nos afastamos dos outros naturalmente. Em muitos casos, nosso comportamento distante consegue afastar as pessoas, reforçando nosso medo de rejeição. Essa é uma armadilha mental clássica, um padrão de pensamento autoalimentado em que nossa insegurança alimenta nosso isolamento, que, por sua vez, alimenta a mentira de que não temos valor e ninguém nos entende ou tenta entender. Sentimo-nos invisíveis e mal-amadas e, para nos protegermos de mais rejeições, não deixamos ninguém se aproximar o suficiente para mudar nossa percepção.

Absorvemos gradualmente a ideia de que temos que passar a vida sozinhas, que devemos nos isolar para evitar o risco de exposição e rejeição.

A verdade, porém, é que fomos feitas à imagem do santo Deus, que personifica a comunidade e nos convida a entrar em Sua família. Fomos criadas para a vida em comunidade.

Nós Temos Escolha

EMOÇÃO
VERGONHA

PENSAMENTO
POSSO RESOLVER MEUS PRÓPRIOS PROBLEMAS

COMPORTAMENTO
CONSTRUIR MUROS

RELACIONAMENTOS
ISOLADA

CONSEQUÊNCIA
SOLIDÃO

CONSEQUÊNCIA
CONHECIDA

RELACIONAMENTOS
CONECTADA

COMPORTAMENTO
CONSTRUIR PONTES

PENSAMENTO
DEUS ME FEZ PARA VIVER CONHECIDA E AMADA

ESCOLHO SER CONHECIDA

EMOÇÃO
VERGONHA

MENTIRA: Posso resolver meus próprios problemas.

VERDADE: Deus me fez para viver conhecida e amada.

> Se, porém, andamos na luz, como ele está na luz, temos comunhão uns com os outros, e o sangue de Jesus, seu Filho, nos purifica de todo pecado.[3]

ESCOLHO SER CONHECIDA.

CONFIGURADA PARA CONECTAR

Nosso corpo é configurado para se conectar com outros. Já ouviu falar de neurônios-espelho? Quando você se senta em frente a uma amiga em um café, os sistemas de neurônios-espelho de ambas estão agindo. Esses neurônios atuam quando sua amiga sorri, permitindo que você experimente a sensação associada ao sorriso.

Os neurônios-espelho ajudam você a sentir o que os outros sentem. Dessa forma, a empatia raramente é uma resposta forçada, mas, sim, uma resposta automática que nosso corpo tem em relação a outros. Um pesquisador chegou ao ponto de dizer que, de fato, não existe uma não conformidade, e escreveu que "a personalidade é mais uma autoestrada para a influência social do que a fortaleza particular impenetrável que acreditamos ser."[4]

Ainda que reconheçamos muitas das formas em que a conexão interpessoal nos influenciou desde a infância até este momento — uma terapeuta chamou as primeiras respostas de cuidadores de "alimento cerebral" para a mente em desenvolvimento[5] —, o que pode não ser tão óbvio são as formas como a *desconexão* altera nosso cérebro.

A parte de seu cérebro que é ativada quando você se sente rejeitada ou excluída por uma amiga é a mesma parte que é ativada quando você sente dor física.[6] Talvez seja por isso que separações e amizades rompidas doem, literalmente.

Quando eu e você nos isolamos, entramos em modo de autopreservação. Podemos reagir de forma mais dura a uma amiga que diz algo errado na hora errada, ou ficar na defensiva quando uma colega critica gentilmente nosso projeto. A solidão pode nos fazer pensar que tudo é uma ameaça, mesmo que não haja qualquer ameaça real.

A solidão foi associada a doenças cardíacas.

E depressão.

E estresse crônico.

E insônia.[7]

Se quisermos viver uma vida plena da forma como o próprio Jesus mostrou, então viveremos juntas em vez de optar por passarmos por ela sozinhas. Não fomos feitas para comemorarmos vitórias sozinhas. Não fomos feitas para sofrermos provações sozinhas, para passarmos pelas trivialidades da vida sozinhas nem para ficarmos sozinhas com nossos pensamentos. (Você ficou tão feliz quanto eu com este último? Como a mente pode ser um lugar assustador.) Fomos feitas para nos aproximarmos, conectarmos, para nos apegarmos. Fomos feitas para vivermos juntas na luz.

O apóstolo Paulo descreveu lindamente essa forma de viver:

> Se por estarmos em Cristo, nós temos alguma motivação, alguma exortação de amor, alguma comunhão no Espírito, alguma profunda afeição e compaixão, completem a minha alegria, tendo o mesmo modo de pensar, o mesmo amor, um só espírito e uma só atitude.[8]

Ele nos deu uma orientação clara sobre como isso seria em nosso convívio:

Portanto, como povo escolhido de Deus, santo e amado, revistam-se de profunda compaixão, bondade, humildade, mansidão e paciência. Suportem-se uns aos outros e perdoem as queixas que tiverem uns contra os outros. Perdoem como o Senhor lhes perdoou. Acima de tudo, porém, revistam-se do amor, que é o elo perfeito. Que a paz de Cristo seja o juiz em seus corações, visto que vocês foram chamados a viver em paz, como membros de um só corpo. E sejam agradecidos. Habite ricamente em vocês a palavra de Cristo; ensinem e aconselhem-se uns aos outros com toda a sabedoria, e cantem salmos, hinos e cânticos espirituais com gratidão a Deus em seus corações.[9]

É muita união, não é?

Muitas de minhas amigas são conselheiras ou terapeutas, e todas confirmaram a mesma coisa: a prevalência da terapia em grupo tem crescido porque *funciona,* ainda que pouco. **Não é somente reconfortante ter mais alguém ao nosso lado; é cientificamente comprovado que isso *cura*.**[10]

Ao estudarem os efeitos do estresse no comportamento humano, pesquisadores da Universidade da Califórnia em Los Angeles descobriram que mulheres buscam mais apoio social em tempos de estresse do que homens. Outra pesquisa mostrou que ter uma rede de apoio forte pode ajudar as pessoas a se manterem saudáveis.[11]

Sim. Uma tribo, um grupo ou uma equipe nos muda até fisicamente. Fomos feitas por um Deus comunitário, para vivermos em comunidade. Precisamos disso!

Nós precisamos disso, amiga.

ESCOLHO A COMUNIDADE →

Melhor Juntas

Deus nos coloca propositalmente em comunidade, para que nossas amigas possam nos ajudar na batalha por nossa vida mental. Quando nosso mapa mental está caótico, nossos pensamentos estão em espiral e nossas emoções estão comandando o espetáculo; nosso plano de fuga muitas vezes envolve meramente um apelo, o simples sussurro da palavra "Socorro".

Eu e você precisamos ser capazes de buscar sabedoria e discernimento quando nosso próprio cérebro não consegue encontrar as respostas, ter força de vontade, não encontra força, não se lembra como orar. Relacionamentos assim exigem tempo, esforço e energia para serem cultivados, mas mudam tudo.

Posso observar o curso de minha vida e ver como minhas amigas mais próximas, em cada idade e estágio, me protegeram de sonhos pequenos. Minhas queridas babás, minhas colegas de intervalo escolar, minhas amigas do colegial, as outras líderes de torcida no Arkansas, as garotas que vieram ao meu primeiro estudo bíblico, meu pessoal em Austin, meu pequeno grupo na igreja em Dallas — cada comunidade me moldou, me ajudou a me sentir conhecida, me fez ir mais rápido e além do que achei que poderia. Espero ter feito o mesmo por elas. Sim, nós lutamos. Sim, nós nos distanciamos. Sim, às vezes magoamos umas às outras. Isso tudo faz parte do acordo. Mas os laços mais fortes são formados na dificuldade.

É verdade que escolher a comunidade em detrimento do isolamento pode ser absolutamente assustador. Exige que assumamos um risco.

A pesquisadora e escritora Brené Brown disse: "A vulnerabilidade é o núcleo, o coração e o centro das experiências humanas significativas."[12] Em outras palavras: **precisamos ser conhecidas para sermos saudáveis.**[13]

Essa não é uma perspectiva profunda? Diga-me quem são as pessoas que a conhecem e quão profundo a conhecem, e eu lhe direi quão saudável você é.[14]

Glup.

Algumas pessoas olhariam minha trajetória ao longo dos anos e diriam: "Claramente, Jennie, você não tem nada com que se preocupar. Você *sempre* dá abertura às pessoas." Talvez. Mas devo dizer que, quando nossa família se mudou para Dallas recentemente, depois de morar 10 anos em Austin, construir um círculo novo e confiável não foi uma pequena preocupação. Como eu conseguiria fazer "velhos amigos" rápido?

O desligamento de uma rede de apoio de longa data é um desafio de vida em uma comunidade significativa, mas dificilmente é o único. Quanto mais pessoas encontro, mais motivos válidos ouço de por que a vida em comunidade "não é para mim". Penso na jovem que morava em uma cidade tão pequena que houve uma grande comemoração quando instalaram o primeiro semáforo. "Jennie, não há ninguém com quem me conectar", contou ela. "Não sei nem se *existe* outra mulher na casa dos 20 anos na minha cidade."

Ou que tal as mulheres que conheci que são totalmente introvertidas? Para elas, entrar nessa história de comunidade parece uma ideia estressante e exaustiva.

Entendo que você talvez tenha sofrido uma traição dolorosa — ou mais de uma — e que isso a impeça de se envolver com outras pessoas. Você se arriscou a confiar em alguém para compartilhar sua luta, e essa decisão voltou para puxar seu tapete. "Não farei isso novamente", você diz. Eu entendo!

Aí vem a questão da manutenção. Uma vez que você, *de fato*, compartilha sua luta com outra pessoa, sente-se obrigada a manter aquela pessoa informada acerca de quaisquer progressos ou regressos que tiver.

E mais uma coisa: não podemos controlar como as pessoas reagirão quando revelamos nossas batalhas para elas. Elas podem dizer algo insensível. Podem minimizar a profundidade de nossa dor. Podem dar um sorriso e citar as Escrituras. Podem fazer *todas* essas coisas ao mesmo tempo.

Para esses e milhares de outros reveses, tenho apenas uma resposta: *você está certa*.

Você está certa. Está mesmo!

Mas todo relacionamento valioso em minha vida é aquele pelo qual precisei lutar. As pessoas podem ser ignorantes, evasivas, arrogantes, autocentradas e distraídas. Sei disso porque sou uma pessoa, e já fui todas essas coisas em algum momento. Outra verdade: você também é uma pessoa.

Então, em vez de deixar o inimigo nos manter isoladas em cativeiro, devemos nos lembrar desta verdade: eu tenho escolha. Posso me lembrar de que o Espírito de Deus vive em mim, e Ele andará comigo quando eu procurar outras pessoas que são tão humanas e carentes de conexão e graça quanto eu. Quando comecei a IF, aconteceu um mal-entendido em relação às motivações de meu ministério, e isso atraiu muita atenção nas mídias sociais. Muitas mulheres que admiro e tento imitar se ofenderam, acreditando que eu realmente tive aquela intenção maliciosa. Senti como se linhas de batalha surgissem rapidamente, separando todas as minhas heroínas de mim. Foi uma experiência tão humilhante e grave que quase não pude acreditar.

Sem saber o que fazer, comecei a ligar para cada uma daquelas mulheres. Eu me desculpei por minha parte no mal-entendido. Pedi conselhos sobre como fazer a coisa certa dali em diante. Agradeci a Deus pela influência delas em minha vida.

Felizmente, não somente cada uma delas atendeu minha ligação, como também trabalharam em favor da unidade. Encontramos um caminho para prosseguir, e as considero como algumas de minhas amigas mais queridas até hoje. No entanto, após essa experiência, fiquei resistente a relacionamentos. Tinha medo de dizer ou fazer *qualquer coisa* que pudesse me deixar no ostracismo novamente. Por fim, decidi que não podia continuar entrando em relacionamentos de forma hesitante.

Ninguém consegue ficar na defensiva para sempre; nós precisamos aparecer. De peito aberto.

Quando se trata de um momento em que estou vislumbrando o risco de me expor em minhas amizades, escolho aparecer. Então, quando as coisas acontecem (porque acontecerão), nós as resolvemos. Mas quer saber? Quando somos fiéis em continuarmos a nos expor em nossa vida, esta abre espaço para nós.

Conheci uma nova amiga após a mudança para Dallas, a Ellen. Ela é sofisticada e sempre diz a coisa certa. E também arquiva cada uma das cartas que recebe. Eu sequer abro minhas cartas! Nós tínhamos amigas em comum que sugeriram que nossas famílias se reunissem em um pequeno grupo. Hoje conto isso a ela, mas ela foi o tipo de nova amiga tão maravilhosa da qual você se sente intimidada quando está perto (apesar de jamais ser sua intenção). A primeira vez em que nos encontramos, lembro-me de ser cautelosa. Decidi manter um pé atrás e sentir como ela era.

Na segunda vez, porém, decidi me abrir. Fui eu mesma — cheia de opinião, intensa, honesta e empolgada. Ela riu e começou a me ligar com mais frequência; ela não queria ser amiga de alguém igual a ela. Gostou de mim em toda minha glória caótica. Por outro lado, muitos outros riscos que assumi em relacionamentos não se desenrolaram dessa forma, mas é assim que encontramos nossas pessoas.

MONTE SEU TIME

Quando tomamos a decisão de parar de tentar viver sozinhas e, em vez disso, arriscar entrarmos no contexto de outros seres humanos vivos, devemos ter dois recursos à nossa disposição: a *consciência* de saber do que precisamos e a *iniciativa corajosa* de ir atrás disso.

Veja a seguir alguns incentivos que podem tirá-la de sua zona de conforto e ajudá-la a encontrar suas pessoas.

Procure Pessoas Saudáveis

Este é o conselho de Paulo a respeito disso: "Tornem-se meus imitadores, como eu sou de Cristo."[15]

Imitem-me como eu imito Cristo. Se quiser saber com quem se conectar em comunidade, procure alguém cuja vida reflita essas palavras. Encontre alguém que esteja *realmente* seguindo Jesus e, então, convide-a para um café.

No último ano, descobri que, ao procurar pessoas saudáveis em Dallas, tenho me tornado mais saudável também. Mesmo o processo de buscar amizades completas levou a uma maior plenitude em mim. Veja bem, perceba que eu não disse "procurar pessoas *perfeitas*", mas, sim, pessoas *plenas*, pessoas *saudáveis*.

Sua possível amiga parece estar em sintonia com suas forças e fraquezas? Ela tem certeza dos valores que guiam sua vida? Quando está em um turbilhão de sentimentos, ela é capaz de dominá-los? Ela está prosperando em outros relacionamentos ou parece fechada para o mundo? Você se sente vista e valorizada quando interage com ela? Ela é boa ouvinte ou sempre vira a conversa para si mesma? Ela está motivada a crescer? Parece feliz? Está em paz?

Novamente, ninguém vai acertar nessas coisas 100% do tempo. O que estou pedindo para você procurar é um padrão de progresso. Quando você está procurando amizades íntimas, precisa começar com amigas emocionalmente inteligentes.

E adivinha? Precisamos nos tornar essas amigas emocionalmente saudáveis também! Se ninguém quiser ser sua amiga, pode haver algum motivo. Você está se tornando mais saudável em vez de uma pessoa amarga? Sou uma grande fã do aconselhamento, porque pode interferir em padrões não saudáveis que mal percebemos em nós mesmas.

Simplesmente Pergunte

Quando você encontrar alguém que quer conhecer melhor, *simplesmente pergunte* se ela gostaria de se conectar com você. "Quer tomar um café amanhã à tarde?"; "Você já conhece a trilha que tem atrás de nosso bairro?"; "Você e seu marido gostariam de vir jogar jogos de tabuleiro conosco uma noite?"; "Gostaria de sair para jantar antes do estudo bíblico da próxima semana?".

Viu como é simples?

Muitos meses atrás, percebi que, apesar do nível de inteligência social e desejo legítimo por uma vida em comunidade e transparência sincera demonstradas pelas jovens que trabalham comigo diariamente na IF, ainda havia muitas ocasiões em que elas não se sentiam confortáveis em pedir ajuda.

Durante uma reunião da equipe em uma quinta-feira, esse assunto surgiu e tomei a liberdade de perguntar: "Quantas de vocês se sentem desconfortáveis em pedir ajuda, mesmo quando realmente precisam muito?"

Todas levantaram as mãos.

Uau.

"Meninas", disse a elas, "É *sério*. Precisamos fazer algo a respeito disso."

Conversamos um pouco sobre o que estava deixando-as desconfortáveis e, em seguida, propus uma tarefa coletiva: ao menos uma vez ao longo das próximas 24 horas, cada uma delas precisaria pedir ajuda.

Peçam conselhos criativos, sugeri a elas.

Peçam ajuda para descarregar o carro.

Peçam companhia para uma caminhada à tarde.

Peçam conselhos sobre um problema.

Não importava o que pedissem; só queria que praticassem a atitude de pedir.

Peça até que pedir não a envergonhe mais. Esse conselho pode até salvar sua vida algum dia, então, o repetirei para você: *peça até que pedir não a envergonhe mais.*

Peça, peça e peça novamente.

Diga Sim

Bom, sou alguém que encara novidades da mesma forma como respira ar todos os dias, então essa é fácil para mim. Mesmo que você seja uma pessoa caseira e introvertida, será capaz de fazer isto: *diga sim com mais frequência.* Apenas uma ressalva: isso não significa abrir as portas para pessoas tóxicas e maléficas. Dizemos sim para amizades reais e saudáveis.[16]

Minha querida amiga de Austin, Jessica, me procurou há algumas semanas para contar que seu aniversário estava chegando e que ela queria passar um tempo comigo. "Você vem?", perguntou ela. (Ela é ótima em pedir!) "Por favooooor?"

Eu mencionei que o aniversário dela era na semana seguinte e que nos reunirmos significava ter que fazer uma viagem de mais de 3 horas?

O momento era conveniente para aquele passeio? Não era. Valia a pena? Valia muito.

Como costumo dizer, talvez eu force o limite para dizer sim muitas vezes mais do que deveria. No entanto, é preciso lembrar que: *se você nunca, jamais aceita um convite, esses convites acabam deixando de existir.*

Passar a vida juntas nos ajuda a consertar nossos pensamentos errados. Mas podemos passar a vida juntas apenas se estivermos, de fato, *juntas* de vez em quando.

"Sim! Adoraria estar com você."

"Sim! É um prazer ir."

"Sim! Vamos combinar uma data."

Se em algum momento você se tornou uma recusadora, alguém que recusa todos os convites que chegam até você, que tal se, apenas hoje, tentasse dizer um *sim*?

Seja Totalmente Você, Rápido

Nossos pensamentos de isolamento em espiral ameaçam nos prender em um local de autossuficiência e vergonha, mas a vulnerabilidade pode suspendê-los instantaneamente. Então, seja *totalmente* você logo de cara, para que suas amigas a entendam — como você é *de verdade*.

Posso ser chata e sou a primeira a admitir isso. Dou risada em momentos inadequados, como em julgamentos, funerais e no discurso para o qual minha filha tanto se preparou. (Por que faço isso? Alguém pode, por favor, me dizer?) Faço perguntas intensas e invasivas. Sou distraída. Interrompo momentos sérios para perguntar onde você comprou essa blusa linda. Disperso-me facilmente em conversas, incapaz de acompanhar um assunto até seu final lógico.

Da mesma forma como minha amiga, Ellen, minhas opções relacionais são duas: ou eu "me sofistico" quando conheço alguém novo e finjo ser algo que não sou, ou desfruto de minha confusa personalidade sincera com uma boa porção de autodepreciação e risadas e fico em paz ao ser eu mesma.

Com essas iniciativas corajosas, podemos assustar as pessoas erradas logo de cara, mas atrairemos as pessoas certas mais rapidamente também.

Incomode os Outros e Permita que Eles a Incomodem

Conforme os conhecidos se aproximam e se tornam amigos, os pedidos podem tornar-se mais pesados. As apostas também são mais altas, e o medo de rejeição é real. Meu conselho: *aposte tudo*. Quando perceber que sua amiga não está sendo ela mesma, incomode-a até ela ser sincera. Convide-a para tomar um chá, para almoçar. Diga que quer orar por ela porque sabe que algo está muito errado. Incomode-a até que ela se sinta segura o suficiente para se abrir. Ela lhe agradecerá por esse incômodo algum dia.

Da mesma forma, para experimentar a verdadeira vida em comunidade, você tem que ser incomodável também. Aceite o risco de confiar em alguém com a verdade de sua vida hoje. Sim, você pode se machucar. Sim, você pode se envergonhar. Sim, pode ser desconfortável. Mas é melhor o desconforto de uma amiga segurando sua mão e sua verdade do que o desconforto de pensar que está sozinha.

Antes de prosseguirmos, deixe-me garantir que você tenha percebido a ordem das duas partes desta última regra: primeiro você toma a iniciativa; depois deixa as pessoas tomarem a iniciativa com você. Não posso deixar de notar que toda vez que posto no Instagram sobre amizade e o valor de passar a vida em comunidade, recebo respostas como estas:

"Ninguém quer ser minha amiga."

"Ninguém nunca me procura."

"Faço minha parte, mas ninguém retribui."

"Ninguém se importa comigo."

Perceba, dar espaço para pensamentos como esses em sua vida e em seu coração é dar passe livre ao inimigo. Essas coisas simplesmente não são verdade! A ironia aqui é que muitas das pessoas que você acha que não se importam com você estão sentindo-se da mesma forma. Elas estão preocupadas em se exporem e serem rejeitadas. Estão frustradas porque ninguém parece retribuir o cuidado que elas oferecem. Estão se perguntando se alguém quer a amizade delas.

É por isso que estou suplicando: vá incomodar primeiro. Procure. Assuma o risco. Diga o que está sentindo. Ouça com atenção.

Seja o tipo de amiga que você gostaria que as outras pessoas fossem com você.[17]

Algum tempo atrás, minha filha, Kate, estava viajando com a família de uma amiga; quando ela me ligou para dar notícias, percebi em sua voz que algo a estava incomodando, que havia algo errado. Ela estava assim há alguns dias, então arrisquei e perguntei.

Kate não me deu muitas informações, mas perguntou se eu e Zac nos importaríamos se ela procurasse um aconselhamento ao voltar. Eu e Zac temos crença total na utilidade do aconselhamento, acreditamos que *todos* precisamos de "tradutores" de vez em quando, para nos ajudar com o que estamos pensando e como estamos nos sentindo, que *todos* precisamos ouvir a verdade sobre nós mesmos em um ambiente seguro, que *todos* precisamos de espaço para organizar nossas necessidades mais profundas e que *todos* precisamos de ajuda para aplicar a Palavra de Deus em nosso cotidiano. Resumindo, foi um *sim* de cara. "Mas, antes de você marcar a consulta", continuei, "quero que saiba que pode sempre contar comigo".

Disse a Kate que não havia nada que eu não pudesse entender e que nada jamais impactaria meu amor por ela. Após muito tempo e muitas lágrimas, duas horas depois, enquanto ainda estava ao telefone com minha maravilhosa filha, me senti mais grata pelo poder da comunidade do que jamais sentira em muitíssimo tempo.

Certa vez encontrei um cartão em um café, no Colorado Springs, que tinha o desenho de um ursinho adorável e estas palavras: "Estávamos juntos. Esqueci o resto". É assim que sempre me sinto a respeito do telefonema fenomenal que tive com Kate. Os detalhes do que a estava incomodando sumiram com o tempo, mas aquela sensação de intimidade não sumiu e não sumirá. Ela estava determinada a contar a *alguém* que pudesse ajudá-la.

Fiquei tão feliz que fui eu!

Os Últimos 2%

Se quisermos nos libertar do caos, amiga, não podemos ficar sozinhas no escuro com o diabo. Precisamos ser salvadoras e escolher reunir um time ao nosso redor.

Eu tenho escolha. Posso ser conhecida!

Deixe-me dizer o que está em jogo e mostrar a beleza do que acontece quando damos abertura umas às outras.

Temos um ditado em minha igreja de origem, em Dallas: "Conte os últimos 2%." Talvez você acredite ter aprendido o segredo de dominar a autenticidade. Você mencionará sua luta contra um pecado ou uma insegurança, mas mesmo aquelas de nós que valorizam a autenticidade costumam ter uma carta que não mostram.

É o segredinho que não mostramos às nossas famílias. Aquele que não compartilhamos com as amigas. É uma carta que não jogamos. Talvez seus 2% sejam que você sentiu raiva de seus filhos pequenos hoje. Ou talvez seja um erro que você cometeu anos atrás e que jamais contou a ninguém. Deixe-me contar a você o que foi para uma de minhas amigas.

Jennifer conduz estudos bíblicos em sua casa, em Austin. Ela e seu marido são líderes em sua igreja. São um casal incrível. Eles amam Jesus, e ela é uma de minhas amigas favoritas.

De verdade. Gosto demais dela, porque ela geralmente fica vulnerável comigo.

No entanto, recentemente ela me ligou para compartilhar algo que estava escondendo.

Ela me disse que, ao longo do último semestre, se sentiu atraída por um colega de trabalho. A princípio foi algo sutil. "Ele era bonitinho, mas não sei como isso aconteceu. Amo meu marido e valorizo nosso casamento", revelou ela, "mas me peguei atraída por ele". Ela começou a permanecer mais tempo na igreja após as reuniões. Então disse: "Sei que parece loucura e espero que não pense mal de mim, mas comecei a trocar mensagens com ele."

Então ela me contou: "Na IF:Gathering puxei nossa amiga em comum de lado e disse: 'preciso expor os últimos 2% que não compartilhei com quase ninguém. Preciso lhe contar'." Então ela falou em voz alta.

E é aqui que fica louco. Ela disse: "Jennie, no momento em que falei isso em voz alta, nunca mais me senti atraída por ele."[18]

Sim, é loucura.

Temos ficado no escuro com o diabo e mantido nossos segredos guardados. Não mostramos todas as nossas cartas a ninguém. Por que mostraríamos? Pensamos: *Não tem tanta importância. Não significa nada. E, afinal de contas, não vou repetir.*

Não jogamos as últimas cartas, e o diabo nos pega em nossos segredos.

No entanto, quando falamos em voz alta o que está em nossa mente, quando revelamos nossas lutas obscuras, as consideramos cativas e rompemos seu poder, testamos o evangelho e permitimos que ele prevaleça. Trazemos a comunidade. Foi assim que Deus nos criou para lutar!

Vistas. Conhecidas. Amadas.

Vamos lutar por isso!

E se meu pior pesadelo se tornar realidade?

Elas provavelmente pensam que eu...

Não sou boa o suficiente para isso.

Eu disse isso da forma errada?

O que acontecerá comigo se...

Tudo está fora de controle.

Sou tão inadequada em meu trabalho, ele provavelmente vai me demitir a qualquer momento.

Algo horrível está prestes a acontecer com elas.

10

Destemida

Escolho Render Meus Medos a Deus

MEU PEITO ESTAVA TÃO APERTADO QUE EU NÃO CONSEGUIA RESPIrar. Era domingo à noite, eu teria uma semana cheia pela frente e estava empolgada com tudo o que aconteceria.

Por que eu não conseguia respirar?

Sentei em minha cama, porque não sabia aonde ir. Era como se meu corpo gritasse "Algo está errado!", e minha mente estava a mil para entender o que era.

Percebi que, às vezes, nossa mente parece não conseguir acompanhar nossas emoções, enquanto nosso corpo está em perfeita sintonia, nos dando dicas de que algo está acontecendo dentro de nós. Na verdade, acho que é uma bênção Deus ter feito nosso corpo de forma que ele consiga nos enviar sinais de que podemos estar em espiral, em uma direção perigosa.

Eu estava no meio da redação deste livro quando senti Deus usar esse momento de espiral confusa para me lembrar de que levar todo pensamento cativo não é meramente um processo útil a ser adotado. *Não se esqueça, Jennie, é uma guerra completa.*

Zac sentou-se a meu lado enquanto eu abraçava minha própria cintura, como se estivesse tentando me manter inteira. Quando tentei, meio na brincadeira, suborná-lo a descolar um Alprazolam com nossos vizinhos, ele me informou de forma amável: "Isso seria ilegal, amor."

Então fiquei sentada. Orei. E vasculhei minha mente em busca do que meu corpo estava me dizendo que estava errado.

Eis que, quando comecei a procurar nas ranhuras dos padrões de pensamento recentes, percebi algo.

Sim, eu estava empolgada com as oportunidades maravilhosas para o ministério nas próximas semanas. Mas uma mentira sutil começou a ofuscar todas elas. Essas mentiras sutis podem dar a sensação de um casaco pesado que vestimos inconscientemente, talvez por hábito, em um dia quente e ensolarado.

A espiral em que eu havia entrado era esta: *E se eu fracassar? E se eu não for suficiente para esse trabalho?*

Trazendo ainda mais peso a tudo isso, havia o conhecido sussurro obscuro: *Eu não tenho valor.*

Eu vinha andando por aí com esse peso vago e indefinido. Se fosse um pensamento consciente, eu o teria combatido imediatamente e escolhido a verdade: *Deus é suficiente para mim. Deus escolhe os menos qualificados para que Ele receba a glória. Não preciso estar à altura de nada.*

Mas eu sequer tinha percebido o que estava acontecendo, até que a mentira me puxou para dentro da espiral e meu corpo revelou a ansiedade que tinha me colocado ali.

Preocupada com Muitas Coisas

Quantas de nós estão se arrastando pelos dias, sobrecarregadas pela ansiedade? Muitas de nós têm pensamentos em torno de circunstâncias ou pessoas problemáticas. Outras têm a ansiedade como trilha sonora diária, tão conhecida que mal a percebem, tocando ao fundo em todas as cenas. (Por favor, saiba que estou falando sobre padrões de pensamento, não sobre a ansiedade enraizada na química de nosso corpo e para a qual recomendo que você busque ajuda profissional, se for esse o seu caso).

O inimigo nos engana com duas palavrinhas: "E se?" Com essas duas palavrinhas, ele faz nossa imaginação girar e se perder em contos sobre a desgraça que está adiante.

Mas nossa ferramenta para combater o "e se" também se encontra, como era de se esperar, em duas palavras: "Porque Deus".

Porque Deus veste os lírios do campo e alimenta os pássaros que voam, não precisamos ficar ansiosas com o futuro.[1]

Porque Deus derramou Seu amor em nossos corações, nossa esperança não será em vão.[2]

Porque Deus nos escolheu para sermos salvas por Sua força, podemos continuar firmes em nossa fé, independentemente do que o dia reserva para nós.[3]

A liberdade começa quando entendemos o que está nos prendendo. Então podemos interromper aquilo com a verdade.

A ansiedade diz: "E se?"

- *E se eu me aproximar demais dessa pessoa e ela me manipular, como a última amiga em quem confiei?*
- *E seu meu marido me trair?*
- *E se meus filhos morrerem de forma trágica?*
- *E se meu chefe decidir que sou dispensável?*
- *E se...*
- *E se...*

Certamente, existem níveis saudáveis de ansiedade que sinalizam para nosso cérebro temer coisas que realmente são dignas de medo

— como um encontro com um urso na floresta ou a atenção para os carros ao atravessar a rua.

Como uma editora do *Medical News Today* constatou: "É quando esse mecanismo vital dispara em momentos inadequados ou fica preso na posição 'ligado' que isso se torna um problema."[4] O tipo de ansiedade que faz nossos pensamentos entrarem em espiral é quando nossa reação emocional a coisas temíveis passa de racional para ilógica, pois as redes de medo de nosso cérebro estão superestimuladas.

Continuamos encontrando novos assuntos com os quais nos preocupar e novos lados sobre o mesmo assunto, como se, ao remoê-los constantemente, fôssemos capazes de nos prepararmos para o que virá. Experimentamos reações físicas palpáveis a coisas que não são ameaças reais, e nossos medos futuros estão nos deixando o tempo todo sem ar, incapazes de relaxar ou de estar presentes, esquecendo completamente que existe um Deus que nos dará o que precisamos hoje, na semana que vem e daqui a 20 anos, ainda que nossos piores pesadelos se tornem realidade.

Estamos nos prendendo nos "e se" até a morte.

Mas existe um jeito melhor, porque temos escolha.

MENTIRA: Não posso confiar em Deus para cuidar do meu futuro.

VERDADE: Deus está no controle todos os dias de minha vida.

> Até os cabelos da cabeça de vocês estão todos contados.
> Não tenham medo; vocês valem mais do que muitos pardais.[5]

ESCOLHO RENDER MEUS MEDOS A DEUS.

Nós Temos Escolha

EMOÇÃO
MEDO DE AMEAÇAS REAIS OU SUPOSTAS

PENSAMENTO
NÃO POSSO CONFIAR EM DEUS PARA CUIDAR DO MEU FUTURO

COMPORTAMENTO
RESISTENTE À AUTORIDADE DE DEUS

RELACIONAMENTOS
CONTROLADORES E MANIPULADORES

CONSEQUÊNCIA
ANSIEDADE CONSTANTE

CONSEQUÊNCIA
DESTEMIDA

RELACIONAMENTOS
PRESENTES E ABERTOS

COMPORTAMENTO
SUBMISSO À AUTORIDADE DE DEUS

PENSAMENTO
DEUS ESTÁ NO CONTROLE DE TODOS OS MEUS DIAS

ESCOLHO RENDER

EMOÇÃO
MEDO DE AMEAÇAS REAIS OU SUPOSTAS

O QUE É REAL

Paulo sabia que entraríamos em espirais, então ele nos disse para substituirmos as mentiras por algo surpreendente. Em Filipenses 4, ele escreveu:

> Não andeis ansiosos por coisa alguma, mas em tudo, pela oração e súplicas, e com ação de graças, apresentem seus pedidos a Deus. E a paz de Deus, que excede todo entendimento, guardará o coração e a mente de vocês em Cristo Jesus.
>
> Finalmente, irmãos, tudo o que for verdadeiro, tudo o que for nobre, tudo o que for correto, tudo o que for puro, tudo o que for amável, tudo o que for de boa fama, se houver algo de excelente ou digno de louvor, pensem nessas coisas.[6]

Primeiro quero que você veja a que ele nos instruiu. Não é apenas uma sugestão, mas uma instrução clara: "Não andem ansiosos por coisa alguma."

Coisa alguma?

Coisa alguma.

Como Paulo pôde dizer isso? Deus realmente exige isso de nós?

Bem, Paulo tinha muito com que ficar ansioso. Quando escreveu essas palavras, você deve se lembrar, ele estava trancado na prisão sob pena de morte. Paulo sabia o que estava escrevendo. Ele escreveu por um simples motivo: este mundo não é nosso lar; nosso lar é a segurança do céu. Então, se não precisamos temer a morte, o que de fato devemos temer?

As promessas de Deus nos dão a verdadeira esperança em absolutamente todas as circunstâncias. Ele supre todas as nossas necessidades. Ele solucionará (no final) todos os problemas que possamos enfrentar na Terra. Paulo escreveu confiantemente sobre essa verdade e, em seguida, nos deu orientações claras para nos livrarmos de pensamentos ansiosos:

1. Escolha ser grata.
2. Escolha pensar sobre o que é real, nobre, correto, puro, amável, admirável, excelente e que for louvável.

Por um momento apenas, vamos nos concentrar em um desses pensamentos substitutos: "Tudo o que for verdadeiro, pensem nessas coisas."

O que mais nos traz problemas não são os medos reais. Nossas preocupações são com coisas que podem nunca acontecer. Na verdade, pesquisas mostram que "97% daquilo com que nos preocupamos não passa de uma mente medrosa punindo você com exageros e mal-entendidos".[7]

Minha irmã, Katie, foi classificada como tipo 6 no Eneagrama, um sistema moderno de definição de personalidade com raízes centenárias, e ela geralmente me tira do sério porque cerca de 50% de nossas conversas se concentram em cenários hipotéticos. Fui classificada como tipo 7. O que isso significa para mim e Katie é que, enquanto ela está constantemente imaginando como as coisas podem dar errado, eu me concentro no que pode dar *certo*.

Ouso dizer que é mais fácil para alguém do meu tipo seguir as instruções de Paulo; ainda assim, independentemente dos tipos de personalidade, **Deus nos chama a ter esperança, alegria e perseverança — a pensar no que é verdadeiro!**

No evangelho de João, encontramos uma descrição incrível do inimigo. Jesus estava frustrado porque havia todo tipo de confusão em torno do que Ele estava fazendo e por quê. Ele disse aos que O estavam contestando:

> Se Deus fosse o Pai de vocês, vocês me amariam, pois eu vim de Deus e agora estou aqui. Eu não vim por mim mesmo, mas Ele me enviou. Por que a minha linguagem não é clara para vocês? Porque são incapazes de ouvir o que eu digo. Você pertencem ao pai de vocês, o diabo, e querem realizar o desejo dele. Ele foi homicida desde o princípio e não se apegou à verdade, pois não há verdade nele. Quando mente, fala a sua própria língua, pois é mentiroso e pai da mentira.[8]

A verdade é a arma mais poderosa que temos contra o inimigo, que é "mentiroso e pai da mentira". Então, combatemos o inimigo com o que for verdadeiro — ou seja, o que for real!

Dê uma olhada na ferramenta da página ao lado.

Pegue um dos pensamentos ansiosos que não sai de sua cabeça e anote-o.

Então, qual é esse pensamento?

Agora, avalie o pensamento. Ele é real?

Dê um passo adiante e pense: "O que Deus diz sobre esse pensamento?" Para responder a essa pergunta, consulte as Escrituras, faça isso com pessoas confiáveis em sua comunidade. Diga: "Este é o pensamento, e o que Deus diz a respeito dele? Qual é a verdade?"

Portanto, você tem que tomar uma decisão: acreditará em Deus ou na mentira?

Acredito que a maioria de nós talvez seja boa em encontrar o pensamento, reconhecê-lo como mentira e, até mesmo, saber qual é a verdade. Mas fracassamos no último passo. Continuamos acreditando na mentira, nos baseando nela e permitindo que os "e se" enlouqueçam nossos pensamentos.

PEGUE O PENSAMENTO O que é?	**AVALIE O PENSAMENTO** É verdade?
ENTREGUE-O A DEUS O que Deus diz a respeito disso?	**TOME UMA DECISÃO** Vou acreditar em Deus?

O que percebi, ao emergir de minha espiral de 18 meses de dúvida, foi que eu precisava ir à luta. Precisava ler a Palavra de Deus e encontrar todas as armas disponíveis para lutar.

Você não sabe que Paulo teve que fazer isso durante o cárcere? Ele precisou lutar pela crença. "Porque para mim o viver é Cristo e o morrer é lucro. Caso continue vivendo no corpo, terei fruto do meu trabalho. E já não sei o que escolher!"[9]

Sim, a fé é um dom, mas às vezes é um dom duramente conquistado. Paulo escreveu honestamente sobre como Deus se dirigiu a ele em sua luta: "Ele me disse, 'Minha graça é suficiente para você, pois meu poder se aperfeiçoa na fraqueza.' Portanto, eu me gloriarei ainda mais alegremente em minhas fraquezas, para que o poder de Cristo repouse em mim."[10]

Fui profundamente confrontada por essa palavra. Ela me tranquilizou, reafirmando que minha luta é uma obra em andamento.

Posso continuar a ensinar sobre a Bíblia, a liderar a IF e a levar meus filhos à igreja, porque Deus é real. Meus sentimentos não se baseiam principalmente no que é real, mas em narrativas criadas em minha cabeça.

O que *é* real?

Deus é real. Ele não vai embora, ainda que minha mente caia em todo tipo de canto escuro. Não posso confiar em meus pensamentos e sentimentos para manter minha fé no lugar. Deus mantém minha fé no lugar.

Mas O Que Eu Faço?

A mulher à minha frente estava sendo consumida pela ansiedade. Sua filha adolescente vinha tomando algumas péssimas decisões na vida, e o coração dessa mãe estava quebrado em mil pedaços. Com lágrimas nos olhos, ela olhou para mim e perguntou: "Jennie, o que eu faço?"

ESCOLHO CONFIAR EM DEUS

O que eu faço?

Ouvi inúmeras mulheres fazerem essa pergunta, mulheres enfrentando todo tipo de desafio — maridos adúlteros, vícios debilitantes, empreendimentos financeiros fracassados, filhos desobedientes, diagnósticos devastadores etc… etc… etc.

Todas as vezes, depois de explicarem o que está testando sua paciência, tentando seu coração e fazendo-as vacilar, elas fazem a mesma pergunta: "O que eu faço?" O que elas estão imaginando é o que deveriam fazer para consertar a situação. Talvez para consertar sua perspectiva ou, ainda, para afastar a dor e o sofrimento.

Se nenhuma dessas coisas forem uma possibilidade, elas querem que eu lhes diga de que forma podem continuar seguindo adiante sem cair no desespero e na falta de esperança.

O que fazemos? Confrontamos nossos pensamentos. Derrubamos fortalezas pelo poder de Deus. Descobrimos se estamos acreditando em algo infundado ou irreal sobre Deus ou nós mesmas e vamos à luta.

Psiu. Deixe-me lhe dar a melhor notícia: Você não é Deus. Você não é onisciente.

Quando permitimos que nossos pensamentos saiam de controle consciente ou inconscientemente, com preocupações e medos, tentamos forçar nossa entrada no papel de sabedoria suprema que só Deus pode desempenhar. Esquecemo-nos que é, de fato, uma boa notícia que Ele esteja no controle, e não nós. Eu e você podemos ter muitos dons e talentos, mas ser Deus não é um deles.

Bom, é mais fácil falar do que fazer, mas é por isso que vamos nos unir e mergulhar na Palavra de Deus. Mudar é difícil e pode ser demorado. Afinal, nossos medos surgem de pensamentos enraizados e pecados impregnados. Mas como fomos feitas novas criaturas, temos o poder do Espírito para optar pela verdade.

Mudar nossa mente *é* possível.

Quando você reconhece a mentira pesando em seus ombros, é possível tirar esse casaco sufocante e deixá-lo de lado.

Qual pensamento repleto de medo Satanás está usando para sufocar sua fé?

Nomeie-o.

Diga seu nome.

- *Temo não ser capaz de aguentar o que for que o futuro possa reservar.*

    Escolho acreditar que Deus não permitirá que eu seja tentada além do que posso suportar, e sempre me dará força para superar a tentação.[11]

- *Temo que todos me abandonem.*

    Escolho acreditar que Deus prometeu não me abandonar, e Ele sempre cumpre Suas promessas.[12]

- *Temo perder tudo e todos que amo.*

    Escolho acreditar que Deus me sustentará em meus melhores momentos de vitória e em meus piores momentos de sofrimento.[13]

- *Temo ser descoberta.*

    Escolho acreditar que Deus me ama e conhece cada pensamento antes que eu os pense.[14]

- *Temo não ser realmente capaz de realizar esse trabalho.*

    Escolho acreditar que Deus me deu tudo de que preciso para viver uma vida santa.[15]

- *Temo ser rejeitada.*

    Escolho acreditar que Deus me aceitou como Sua filha e jamais me abandonará.[16]

- *Temo não estar vivendo à altura das expectativas dos outros.*

Escolho acreditar que Deus quer que eu busque apenas a aprovação d'Ele e liberte-me da pressão de agradar às pessoas.[17]

- *Temo falhar miseravelmente à vista de todos.*

    Escolho acreditar que Deus é especialista em pegar as fraquezas e usá-las para Sua glória.[18]

É assim que combatemos a espiral. Tiramos os pensamentos de nossa mente, retiramos todo seu poder e, então, o substituímos pelo que é verdadeiro!

Ansiosa por Nada

Minha amiga, Jackie, passou 5 anos tentando engravidar. A dor em sua alma era quase insuportável. Estive com ela há pouco tempo, e seu desespero tinha se tornado tão intenso que ela estava perdendo toda a esperança na vida, em Deus, em Seus "dons bons e perfeitos".[19]

Ela me olhou, transparecendo sua dúvida: "E se Ele me ignorar? E se meus sonhos não se realizarem?"

Enquanto conversávamos, rodeadas de um grupo enorme de mulheres que ela amava, cada uma delas compartilhou sua fé com Jackie. Elas não estavam acreditando que Deus agiria em favor de Jackie e faria uma criança aparecer em seu útero; estavam acreditando que Deus agiria em favor de Jackie *independentemente do que pudesse acontecer.*

Após aquele momento juntas, ela saiu radiante e esperançosa, com a mente aberta para buscar novos desafios e aceitar um mundo onde pudesse não haver uma criança em seu útero. Isso porque Deus é bom e perfeito, mesmo quando a vida não é — e ela está escolhendo acreditar que Ele está no controle.

Não existem promessas de que nossos piores medos não se tornarão realidade. Às vezes, eles se tornam, mas, mesmo assim, Deus continua sendo nossa esperança infalível.

Podemos ser atingidas por um câncer, porém, pelo poder de Deus, ele não nos vencerá, pelo menos não no final da batalha.

Nosso cônjuge pode ser infiel, porém, pelo poder de Deus, a infidelidade não definirá nossa vida.

Uma crise financeira pode se abater sobre nós, porém, pelo poder de Deus, conseguimos seguir adiante.

A desilusão e a dúvida podem cair sobre nós, porém, pelo poder de Deus, elas não terão a última palavra.

Minha cunhada, Ashley, lê o livro de Corrie ten Boom, *O Refúgio Secreto,* todos os anos. Ela diz que a leitura a relembra de que, independentemente do que os meses seguintes reservarem para ela e sua família, Deus é suficiente.

Recentemente, quando confidenciei a ela alguns dos medos que tinha acerca de um de meus filhos, ela me lembrou desta história que Corrie contou no livro:

> Meu pai sentou-se à beira da cama estreita. "Corrie," começou ele gentilmente, "quando eu e você formos para Amsterdam — quando devo lhe entregar sua passagem?"
>
> Funguei algumas vezes, pensando.
>
> "Bom, logo antes de embarcarmos no trem."
>
> "Exatamente. E seu sábio Pai no céu também sabe quando precisaremos das coisas. Não se antecipe a Ele, Corrie. Quando chegar a hora em que algum de nós tivermos que morrer, você procurará em seu coração e encontrará a força de que precisa — na hora certa."[20]

Nós sempre temos exatamente o que precisamos, quando precisamos. Acreditamos nisso?

Se acreditamos ter a escolha de confiar em vez de temer, então como escolher confiar pode nos fazer viver?

Viveremos naquilo que é verdadeiro para nós, que é termos a mente de Cristo.

Paulo declarou isso como verdade em Filipenses 2:5: "Seja a atitude de vocês a mesma de Cristo Jesus"!

Portanto, o que fazer quando começamos a nos descontrolar? Fazemos o trabalho.

Arriscamos contar a alguém, ainda que nossa preocupação pareça boba.

Escolhemos efetivamente fechar a cortina para pensamentos assustadores e falsos. Lembramos a nós mesmas quem é Deus e lançamos nossa ansiedade sobre Ele.[21] Talvez tenha que fazer isso centenas de vezes ao dia.

E declaramos a paz de Deus como nossa promessa.

Após meu recente ataque de ansiedade de domingo à noite, "liguei para uma amiga". Callie ouviu enquanto eu contava tudo, até os últimos 2% que me envergonhavam. Então, ela riu um pouco e disse: "Ok, Jennie. Isso é uma mentira do diabo. E nós duas não vamos deixar isso paralisá-la nunca mais!"

Ela lutou por mim e, quando eu não conseguia sair, ela me puxou.

Amiga, quero fazer o mesmo por você. Por favor, me ouça: independentemente de como sua vida esteja hoje, não importa o que o futuro reserve, Deus se importa conosco.

Observem como crescem os lírios. Eles não trabalham nem tecem. Contudo, eu lhes digo que nem Salomão, em todo o seu esplendor, vestiu-se como um deles. Se Deus veste assim a erva do campo, que hoje existe e amanhã é lançada ao fogo, quanto mais vestirá vocês, homens de pequena fé![22]

Nós, de pequena fé. Somos vistas e cuidadas, e não há nada a temer, pois Deus olha por nós.

Se eu não cuidar de mim mesma, quem cuidará?

Nada é tão bom quanto parece.

Se aprendi alguma coisa, é que você não
deve jamais confiar no que os outros dizem.

Se eu não mantiver minha guarda levantada,
tirarão vantagem de mim.

Não crie muitas esperanças. Estará apenas
preparando-se para a queda.

Crer é para trouxas.

Estou bem. Não preciso de ajuda
de nada nem de ninguém.

11

Uma Bela Interrupção

Escolho Deleitar-me em Deus

EU E MINHA EQUIPE NA IF:GATHERING COMEMOS BASTANTE COMIDA mexicana juntas. Recentemente, estávamos no restaurante Matt's El Rancho, comendo *queso* e debatendo sobre otimismo. Eu havia estudado o assunto e acreditava que todas — tanto como indivíduos quanto como equipe — precisávamos fazer isso mais vezes. Minha equipe na IF:Gathering parece mais um grupo de companheiras de guerra do que colegas de escritório. Passamos por algumas batalhas juntas.

Naquela tarde no Matt's, estávamos falando especificamente sobre o oposto do otimismo: o ceticismo. Minha pesquisa sobre pensamento negativo havia confirmado que, da mesma forma como com os padrões de pensamento em espiral, sempre temos escolha. Podemos não escolher as situações e as pessoas em nossa vida, mas podemos escolher como reagir a elas. Podemos escolher como nossa mente e, portanto, nossa vida seguirão.

Veja a seguir a analogia que compartilhei com elas para tentar transmitir minha ideia.

Se fôssemos juntas a uma festa determinada noite e as pessoas ao lado de quem nos sentássemos estivessem reclamando da comida sem gosto, da música chata e dos anfitriões grosseiros, sairíamos com a impressão de que a festa foi uma experiência ruim. Verdade seja dita, pode ser que nem nos importássemos com a comida ou o ambiente, mas essas reclamações nos influenciariam a tomar esse posicionamento negativo.

Sairíamos de lá pensando, *Essa festa foi horrível.*

Mas se fôssemos à mesma festa e, em vez disso, nos sentássemos com pessoas que estivessem exaltando a comida deliciosa, a música contagiante, a companhia agradável e os anfitriões bondosos e generosos, sairíamos dizendo: "Que festa divertida!"

E se em vez de uma festa estivéssemos falando de nossa vida? Com que frequência *escolhemos* ser infelizes? Em vez de enxergar o melhor e comemorar o bom, escolhemos enxergar apenas as lutas e as reclamações sobre a parte ruim.

Eu me perguntei em voz alta como escolher enxergar o melhor em toda situação pode trazer mais alegria a todas nós.

Uma de minhas colegas comentou: "Jennie, entendo você. Mas se eu escolher ver o melhor na vida, vão tirar vantagem de mim." Outras concordaram com a perspectiva dela. Estavam um pouco preocupadas que, se não mantivessem a guarda alta, as pessoas veriam sua ingenuidade e elas se tornariam alvos.

É justo, pensei.

Nunca me esquecerei do que Elizabeth, da nossa equipe, disse depois: "E daí? Você não estaria mais feliz?"

Elizabeth é toda doce e alegre, está sempre sorrindo, é sempre gentil; é *claro* que ela diria algo assim. Porém, algo em sua resposta era real. Ela tinha razão: a alternativa a uma vida desprotegida é a autopreservação e o pessimismo debilitante.

Quem quer viver assim?

O Poder Transformador da Admiração

O ceticismo tornou-se valorizado em nossa cultura, como se tivéssemos concluído que os céticos sabem de algo que o restante de nós não sabe. Eles estão preparados, protegidos e *cientes* em um nível que o restante de nós é muito descuidado para entender. Mas, em seu núcleo, o ceticismo não é tão maravilhoso assim. Na verdade, ele sequer é maravilhoso.

O ceticismo é *sempre* motivado pelo medo do futuro ou pela raiva do passado. Quer estejamos com medo de algo que pode nunca acontecer ou projetando algo que *já* aconteceu em todos os dias que virão, acreditamos na mentira de que é muito arriscado ser vulnerável ou esperar coisas boas.

Brené Brown chama isso de alegria preditiva. "A escassez e o medo orientam a alegria preditiva", escreveu ela em seu livro *A Coragem de Ser Imperfeito*.

> Temos medo de que o sentimento de alegria não dure, de que não seja suficiente ou de que a transição para a decepção (ou o que for que estiver reservado para nós depois) seja muito difícil. Aprendemos que ceder para a alegria está, na melhor das hipóteses, nos preparando para a decepção e, na pior, convidando o desastre.[1]

A estratégia do inimigo é inundar nossos pensamentos com visões de tudo o que está errado neste mundo quebrado e caído, a ponto de sequer pensarmos em continuar procurando coisas positivas. O ceticismo simplesmente torna-se a forma como pensamos, sem que percebamos isso.

Eis algumas perguntas para fazer a si mesma, a fim de analisar se o ceticismo invadiu nossa mente:

- Você se incomoda quando as pessoas são otimistas?
- Quando alguém é legal, você fica imaginando o que aquela pessoa quer?
- Você se sente constantemente malcompreendida?
- Quando as coisas estão indo bem, você fica esperando tudo ruir?

- Você percebe as falhas das pessoas rapidamente?
- Você teme que tirem vantagem de você?
- Você é cautelosa ao conhecer alguém novo?
- Você fica se perguntando por que as pessoas simplesmente não conseguem se acertar na vida?
- Você costuma ser sarcástica?

O ceticismo está destruindo sua capacidade de desfrutar o mundo ao nosso redor e relacionar-se com os outros. Deus tem abundância de alegria e prazer para nós, e estamos desperdiçando isso com os braços cruzados. E se existe outra forma de viver?

Quando pesquisadores estudaram a admiração e a beleza, descobriram uma conexão interessante: quando sentimos admiração, nos aproximamos dos outros de forma benéfica.

Quando somos surpreendidas pela grandiosidade de um pico de uma montanha com neve, ou nos deleitamos com uma bela canção, quando nos sentamos silenciosamente em uma igreja antiga e nos maravilhamos com a forma como a luz do sol reflete pelos vitrais de mosaico coloridos, ou quando nos alegramos com os gritinhos de nossos filhos ao passarem correndo pelos sprinklers no quintal, abrimos mão de nossa fixação de que "é tudo sobre mim". Libertamo-nos de ser o centro de nosso mundo por apenas um momento e, ao fazer isso, nos tornamos mais empenhadas no bem-estar dos outros, mais generosas e menos mimadas.[2]

Você já experimentou isso? É o momento em que seu coração se expande e você sente que poderia explodir ao tentar absorver a beleza de algo.

O ceticismo diz: "Estou rodeada de incompetência, fraudes e decepções".

Deleite-se em Deus, e Sua bondade romperá suas barreiras e permitirá que a esperança, confiança e adoração a inundem.

E adivinhe como a adoração surge em nós? Quando nos voltamos à fonte de toda alegria — o Próprio Deus — em vez de nossos problemas temporários.

Pense na descrição de Paulo sobre o que acontece quando nós, assim como aconteceu com os israelitas, afastamos nosso olhar das coisas que se dissipam e nos voltamos para o Deus eterno:

> No entanto, quando eles se voltam para Deus, como Moisés fez, Deus remove o véu, e lá estão eles — face a face com o Senhor! Descobrem de repente que Deus é uma presença pessoal, viva, não uma peça de pedra esculpida. E, quando Deus está presente, um Espírito vivo, aquela constituição antiga e repressora se torna ultrapassada. Estamos livres dela! Todos nós! Nada mais fica entre nós e Deus, nossa face brilha com o brilho da sua face. Somos transfigurados como o Messias, e nossa vida se torna cada vez mais deslumbrante e bela à medida que Deus entra em nossa vida e nos tornamos como Ele.[3]

Da mesma forma que a face de Moisés brilhava quando ele desceu da montanha em que Deus lhe permitiu ver Sua glória, quando Deus entra em nossa vida, Ele age em nós e torna nossa vida mais "deslumbrante e bela".

MENTIRA: As pessoas não são confiáveis, e a vida não vai dar certo.

VERDADE: Deus é confiável e, no final, vai fazer tudo trabalhar em harmonia para o bem.

> Sabemos que Deus age em todas as coisas para o bem daqueles que o amam, dos que foram chamados de acordo com o seu propósito.[4]

ESCOLHO ME DELEITAR EM DEUS E NOS SINAIS DE SUA OBRA NO MUNDO A MEU REDOR.

Nós Temos Escolha

EMOÇÃO
MÁGOA

PENSAMENTO
AS PESSOAS NÃO SÃO CONFIÁVEIS, E A VIDA NÃO VAI DAR CERTO

COMPORTAMENTO
CRÍTICO PERANTE SI MESMA E OS OUTROS

RELACIONAMENTOS
SARCÁSTICOS E FRIOS

CONSEQUÊNCIA
CÉTICA

CONSEQUÊNCIA
CONFIANÇA

RELACIONAMENTOS
DEDICADOS E CURIOSOS

COMPORTAMENTO
CRÊ NO MELHOR DOS OUTROS

PENSAMENTO
DEUS É CONFIÁVEL E VAI, NO FINAL, FAZER TUDO DAR CERTO

ESCOLHO DELEITAR-ME

EMOÇÃO
MÁGOA

O Gosto Amargo do Ceticismo

Agora, se você for uma verdadeira cética, não está engolindo uma palavra do que estou dizendo. Sei disso porque sou uma habilidosa cética em recuperação. Nos meses de dúvida, captei e pratiquei a habilidade do ceticismo com precisão. Quando estou saudável, sou líder de torcida, uma eterna otimista, uma tipo 7 no Eneagram, apaixonada e motivada pela esperança. Mas o ceticismo que se enraizou em meu coração naqueles meses cresceu, escondendo-se com maestria sob o disfarce da frieza, do "está tudo bem" e do orgulho. Na verdade, eu mal conseguia identificar a verdade: ficava com raiva, irritada e com medo.

Um cético é alguém que "não acredita em nada; que não consegue confiar".[5] Ainda que essa definição se encaixasse bem para mim, não parou por aí. Posteriormente, comecei a também desconfiar de Deus.

Para mim, o ceticismo era como uma enorme tentativa inconsciente de construir muros ao redor do meu coração. Eu não saberia lhe dizer, na época, que estava evitando a verdadeira alegria. Se é que existe um culpado, foi meu amor pelas coisas leves e alegres que me levou a pensar que estava completamente feliz.

Em vez de minha vida tornar-se cada vez mais "deslumbrante e bela", como Paulo descreveu, meu ceticismo era como uma nuvem escura pairando sobre mim. Eu era crítica, desconfiada e distante.

O ceticismo destrói nossa capacidade de enxergar Deus direito.

O ceticismo, em suas raízes, é uma recusa em crer que Deus está no controle e que Ele é bom. É a interpretação que fazemos de Deus e do mundo com base nas mágoas que experimentamos e nas feridas que ainda estão abertas. Ele nos força a olhar horizontalmente para as pessoas em vez de verticalmente para Deus.

O que eu não conseguia enxergar era que a mágoa estava conduzindo absolutamente todo o meu comportamento. Eu estava tão exausta de tudo — da opressão, do desespero, do processo de tentar ficar saudável — que havia decidido que a verdadeira alegria talvez fosse simplesmente inalcançável. O que eu pensava ser alegria era apenas o prazer da distração crônica.

Então, meu ceticismo e minha mágoa crescentes foram repentinamente interrompidos quando eu menos esperava.

Já mencionei meu amigo, Curt Thompson, que recentemente reservou um tempo para se dedicar a nós em um retiro de liderança. Durante uma de nossas muitas conversas em grupo, projetei uma energia não muito amável. Ou pelo menos foi isso que Curt me disse depois. Minha sobrancelha levemente levantada, os braços cruzados no peito — tudo em minha postura lhe comunicava três palavras: *Deixe-me. Em. Paz.*

Apesar de eu ter passado por muita cura, não estava a fim de perguntas invasivas. Só queria comer *queso* com meus amigos e manter todos os outros a uma distância segura.

Periodicamente, depois de instigar um pouco de sabedoria relacionada à nossa mente, ao coração e às experiências de vida, Curt sempre conferia como estávamos, perguntando a alguém: "Como você está se sentindo agora?"

Eu estava tranquila, contanto que aquela pergunta não fosse direcionada a mim, então fiquei na minha, evitando fazer contato visual. Na metade do primeiro dia, Curt ousou cutucar a onça. Foi perto do final de uma conversa em grupo; depois de reservar alguns minutos de silêncio, ele me olhou e perguntou: "Como você está se sentindo agora?"

Eu o encarei por um segundo e, então, dei de ombros, sorri, e disse: "Bom."

Quem eu *era*? Aquele era um homem brilhante cujo trabalho eu admirava. Nós tínhamos sorte de tê-lo ali. E eu estava lhe dando esse tipo de resposta? (Sei que, gramaticalmente, o correto seria: "Estou bem". Mas costumo dizer: "Bom". Sem crise.)

Ao longo do fim de semana, minha estratégia funcionou bem, uma vez que quanto menos me mostrava disposta a participar, menos Curt me chamava. Mas, quando achei que seria capaz de escapar de nosso tempo juntos sem revelar algum podre, algo que jamais esperei atravessou minha barreira cética.

Antes de contar o que aconteceu, devo mencionar que o ceticismo costuma crescer, porque acreditamos merecer mais do que estamos recebendo. Na raiz do ceticismo há uma mágoa paralisante. Ele diz que não se pode confiar em ninguém, que nunca, jamais estamos seguros.

Meu ceticismo em nosso pequeno retiro foi motivado por um pensamento vergonhoso. (Sério, não acredito que vou contar isso.)

Do outro lado de minha profunda e obscura espiral, eu não estava mais acordando às 3 da manhã, mas ainda estava um pouco amarga em relação a Deus. Eis o motivo: eu nunca teria dito isso em voz alta, mas sempre tinha vivido com uma agradável confiança de que Deus gostava de mim. De que eu era uma de Suas favoritas. Não sei se Deus tem favoritos, mas eu gostava de imaginar que Ele tinha uma afeição específica por mim.

A obscura espiral de pensamentos me fez carregar por aí o medo de que Ele poderia me perder acidentalmente em algum vão, como aquela conta que você devia pagar, mas caiu no vão entre a mesa e a parede. Sentia como se tivesse caído em uma rachadura e Ele não havia percebido, ou não se importava o suficiente para me resgatar. Fiquei magoada com Deus.

Meu medo deu lugar a uma casca protetora de ceticismo que bloqueava não somente as possíveis mágoas, como também as possíveis alegrias.

Vamos voltar a Filipense 4, onde Paulo escreveu:

> Alegrem-se sempre no Senhor. Novamente direi: Alegrem-se. Seja a amabilidade de vocês conhecida por todos. Perto está o Senhor. Não andem ansiosos por coisa alguma, mas em tudo, pela oração e súplicas, e com ação de graças, apresentem seus pedidos a Deus. E a paz de Deus, que excede todo entendimento, guardará o coração e a mente de vocês em Cristo Jesus.

> Finalmente, irmãos, tudo o que for verdadeiro, tudo o que for nobre, tudo o que for correto, tudo o que for puro, tudo o que for amável, tudo o que for de boa fama, se houver algo de excelente ou digno de louvor, pensem nessas coisas. Ponham em prática tudo o que vocês aprenderam, receberam, ouviram e viram em mim. E o Deus da paz estará com vocês.[6]

Sim, fui firme em evitar certos pensamentos destrutivos em minha mente, mas a menos que eu ajudasse os pensamentos melhores a entrarem e a se instalarem, continuaria me prendendo a pensamentos terríveis. Havia algo em Filipenses 4 que eu sabia que não deveria perder. Nos momentos que passei com Curt, senti Paulo dizendo: "Olha. Você pode tentar guardar sua mente e coração sozinha, ou pode entregar esse cuidado a Deus."

Minha forma de guardar meu coração envolvia, evidentemente, muros altos e um apego ao "Bom", para mascarar minha mágoa e raiva crescentes com Deus e as outras pessoas.

"Como você está, Jennie?"

"Bom! Tudo ótimo!"

"E agora? Ainda 'bom'?"

"Mais que bom... sério! Fale você! Vamos falar de você."

O jeito de Deus era melhor. O jeito d'Ele me levaria à paz.

Pelo menos é assim que leio o que Paulo está dizendo. Se eu fosse praticar pensar no que é honesto, no que é justo, no que é amável, excelente e todo o restante, experimentaria a paz de Deus em meu coração.

Eu realmente queria aquela paz.

Então, por que ainda era tão cética?

SURPREENDIDA PELA BELEZA

A primeira vez em que assisti a um musical profissional, tinha 20 e poucos anos e era recém-casada. Uma companhia da Broadway estava em turnê, e o musical *Les Misérables* estava no palco da nossa Little Rock. Eu já tinha ido a peças escolares e me lembro de pensar, *Será tudo igual outra vez?*

Acontece que foi muito diferente.

Eu e Zac tínhamos acabado de sair da faculdade e estávamos quebrados, mas juntamos todos os trocados que tínhamos para comprar os ingressos mais baratos.

Durante todo o espetáculo — quando a pequena Cosette, sonhando com uma vida melhor, cantou *Castle on a Cloud*, quando Éponine, que estava perdidamente apaixonada por Marius, o qual infelizmente não estava perdidamente apaixonado por ela, cantou *On My Own*, e quando todo o elenco, aparentemente, cantou *One Day More* — me debrucei sobre o corrimão que me separava da orquestra lá embaixo, tentando em vão absorver tudo o que eu estava vendo: o palco giratório com seus cenários elaborados, o belíssimo figurino e o canto de frases tão lindas que me fizeram chorar. Sentei-me ali, maravilhada, como se nunca em minha vida tivesse visto um musical, porque, como percebi naquela noite, nunca tinha mesmo.

A beleza nos interrompe, nos acorda, nos anula, nos abre ao meio e reinicia nossos corações. A beleza é a evidência de Deus de que algo muito mais maravilhoso está por vir, um mundo além daquele que podemos imaginar, mesmo em nossos momentos mais espetaculares aqui. Um Deus melhor do que podemos imaginar. Um Deus incrível.

Nesse e em milhares de outros encontros com coisas que são excelentes, que são amáveis, verdadeiras, saímos diferentes de como éramos antes. Somos impactadas. Foi isso, acredito, que Paulo estava sinalizando quando nos disse em que fixar nosso pensamento.

Coisas boas acontecem quando treinamos nossa atenção àquilo que é belo, àquilo que é autêntico, concreto e bom. Mais ainda, além da experiência emocional óbvia, essas coisas boas vindas da mão de Deus podem nos direcionar ao único que cria a beleza, ao único que é belo.

O ceticismo coloca nossa mente em coisas desta Terra, e perdemos a esperança. A beleza direciona nosso olhar para o céu e nos lembra de que há esperança.

O ceticismo se desmorona na presença da beleza.

O pastor John Piper fala sobre as dez resoluções de seu ex-professor, Clyde Kilby, para a saúde mental. A resolução seis é: "Devo abrir meus olhos e ouvidos. Uma vez ao dia, devo simplesmente observar uma árvore, uma flor, uma nuvem ou uma pessoa. Não devo, então, preocupar-me em perguntar o que são, mas simplesmente contentar-me que sejam."[7]

Na primeira vez em que li essas palavras, pensei em meu primeiro ano da faculdade, quando liderava um estudo bíblico para cerca de 20 calouras em minha sororidade. Uma noite, quando devíamos nos encontrar, compareci tendo preparado uma lição completa sobre uma passagem das Escrituras. Mas, quando todas nos acomodamos, percebi que precisaria mudar o rumo. As meninas sentadas em círculo ao meu redor não estavam em condições de receber a mensagem que eu havia preparado. Elas pareciam desanimadas, frustradas, apavoradas, exaustas e confusas. Sem dizer uma palavra, corri para fora da casa da sororidade, peguei a folha de uma árvore, corri para dentro e me sentei. "Meninas", disse eu, "quero que passem esta folha de uma para a outra e realmente a observem. Vejam as nervuras, as linhas, as veias. Observem a cor. Vejam os detalhes. Observem a forma, os contornos e o talo".

Era uma lição superbrega com um objeto, admito; mas quer saber? A lição colou. Deus havia feito muitas coisas para criar aquela única folha; não teria Ele sido ainda mais intencional e cuidadoso com nossa vida? Não estávamos sozinhas. Não éramos um acidente. Nossa situação não estava oculta para Deus. O que quer que estivesse nos oprimindo, Deus removeria alegremente de nossos ombros.

Pense nos *pavões*, pelo amor de Deus. As cores e os detalhes tão desnecessariamente agradáveis. Quem além de Deus faria isso?

ESCOLHO DELEITAR-ME →

Pense na forma como uma sinfonia cresce, até se tornar algo que mal conseguimos absorver. Meu semblante e minha postura se elevam quando ouço uma sinfonia.

Considere o vídeo do homem tocando um piano vertical em sua sala de estar, em meio a 60 centímetros de água que sobraram da ressaca do Furacão Harvey.[8]

Que tal os padrões das pétalas de uma flor — 3 para lírios, 5 para ranúnculos, 21 para chicórias, 34 para margaridas. Isso não *acontece* simplesmente, sabe? Deus pensou nelas e as fez.

Ou, ainda, as espirais perfeitas tanto de furacões quanto de conchas do mar, os padrões de voo estruturados dos pássaros ou o desenho de nosso cotovelo e dos dedos do pé e da mão. Está em tudo se você observar, se tiver olhos para enxergar.

Existe tal intenção.

Tal destreza.

Tal funcionalidade incrível.

Tal beleza.

Tal *prova*.

Os cientistas se perguntam se não seria tudo mera coincidência. Sei que não é. E provavelmente você também. "Os céus declaram a glória de Deus; o firmamento proclama a obra das suas mãos", declarou o salmista.[9] **A bondade não deve simplesmente fazer-nos sentir bem, mas nos apontar para Deus.**

Naquele dia, no retiro de liderança, Deus atravessou meus braços cruzados e minha carranca de "bom". Dentre todas as coisas, Deus usou uma redação. Uma bela e simples redação sobre o caos das dificuldades inesperadas. Enquanto a história de "Welcome to Holland" [Bem-Vindo à Holanda, em tradução livre] se concentra em descobrir se seu filho tem necessidades especiais, as verdades contidas ali aplicam-se a inúmeras situações.

Minha amiga, Mica, a citou de memória, e aquilo penetrou em meu muro de proteção cuidadosamente construído.

A história[10] conta sobre o planejamento de uma viagem maravilhosa à Itália, a compra de livros de viagem e a montagem do itinerário. Então você desembarca do avião e percebe que pousou na Holanda. A Holanda não é ruim, mas seus amigos estão todos na Itália, nas férias com a qual você sonhou, e você está aqui na Holanda, sem ninguém e sem planos.

Chorei porque já estive na Holanda sozinha e queria saber por que Deus parecia não se incomodar. Por que Ele me abandonaria em um plano que eu não havia feito e não queria, sem me consultar? Por que Ele me deixou cair no vão escuro atrás da mesa e me esqueceu lá?

Dizer isso em voz alta me mostrou a mágoa que eu bem sabia que estava sentindo — e aliviou minha dor.

Essas coisas em que Paulo nos mandou pensar — todas as coisas belas, excelentes e justas — são o que acalma um coração duvidoso, o que traz sanidade para um mapa mental caótico.

Um fim de semana inteiro com algumas de minhas pessoas favoritas e um conselheiro abençoado, tudo para nos libertar, e Deus usou uma *redação* para destravar meus braços firmemente cruzados.

A beleza é a evidência de algo além de nós mesmos. A beleza é a evidência de um mundo que está por vir.

A beleza é a evidência de um Criador amável e profundamente agradável.

A beleza inunda e interrompe quando, em vez de ceticismo, escolhemos confiar.

Derrubando Nossos Muros

Michiel van Elk, pesquisador na Universidade de Amsterdã, explicou recentemente como está usando ressonâncias magnéticas do cérebro para mostrar que sentimentos de admiração desligam o egoísmo. Quando admiramos algo, nos tornamos menos autocentradas, mais centradas nos outros e mais conectadas àqueles ao nosso redor.[11]

Nós adoramos quando experimentamos admiração.

Ceticismo e adoração não podem coexistir.

Penso em como me tornei cética, em como meu eu de braços cruzados simplesmente *não* escolheria confiar. Eu não *queria* que ninguém viesse até mim — o que é, obviamente, o problema. O ceticismo é especialmente poderoso como ferramenta nas mãos de Satanás porque, quando eu e você somos atingidas por ele, não percebemos nossa necessidade de ser ajudadas.

Pensamos estar bem, obrigada. A verdade? Precisamos desesperadamente de Jesus.

Bruno Mars lançou uma música romântica há alguns anos que diz: "Eu pegaria uma granada por você... pularia na frente de um trem por você".[12] Ainda que fosse uma música contagiante, não acho que Bruno realmente faria isso por você, sabe?

Mas adivinhe quem faria?

Adivinhe quem fez?

Jesus, Filho de Deus. Ele enfrentou o maior sacrifício para romper nossa descolada atitude de "não preciso de ninguém", nosso intelecto, nossa vergonha e nossa dúvida. Ele entrou em nossa realidade e nos prendeu com a história que esperávamos que fosse verdade.

Há alguns meses, enquanto eu palestrava em um evento a algumas horas de distância, acontecia uma pequena crise em minha casa. Minha filha mais nova, Caroline, trancou-se por acidente no banheiro de cima e não conseguia sair. Nossa casa em Dallas tem cerca de 100 anos, o que significa que as molduras das janelas têm cerca de 18 camadas de tinta, os pisos não são perfeitamente nivelados e as maçanetas estão prestes a cair a qualquer momento. E foi isso que aconteceu de um lado da porta com a doce Caroline, deixando-a presa no banheiro.

Zac estava comigo no evento, respondendo freneticamente a mensagens de texto, primeiro de Caroline, depois de nosso filho, Conner, que morava na faculdade, a alguns quilômetros de distância, mas que apareceu providencialmente em casa para pegar algumas coisas. Descobri tudo o que aconteceu apenas duas horas após a troca de mensagens e ri até chorar.

Na selfie, a expressão de Conner é de total determinação, comprometimento e preocupação, passando a ideia de "Caroline, estou indo buscá-la!"

E, amiga, é isso que imagino quando penso em você aí lutando com todo tipo de escuridão, saindo de controle...

Jesus veio por nós — por você e por mim, com nossos braços cruzados. Nós que somos amargas, mal-humoradas, inseguras, incrédulas, céticas e negativas.

Sei que disse que o pensamento de interrupção que muda todos os outros é *"eu tenho escolha"*.

Existe um motivo para isso ser verdade. É porque Jesus nos escolheu primeiro.

É porque Ele derrubou a porta e nos resgatou em Sua beleza e bondade. Ele se vestiu e veio nos buscar. E é por isso que não somos céticas, esperando pelo pior.

Porque nos foi prometida uma eternidade melhor do que podemos imaginar.

Por que ninguém me ouve?

Mas eu estava certa!

Você não se importa comigo.

Provarei que estão errados.

Nada disso é culpa minha.

Ninguém se importa com minhas necessidades?

Eu cuido disso.

12

Menos Importante

Escolho Servir a Deus e ao Próximo

H Á POUCO TEMPO, PERDI A PACIÊNCIA COM UMA DE MINHAS COLEGAS na IF:Gathering. Pior ainda, era uma colega nova, alguém que ainda não me conhecia e, por isso, não sabia que não costumo ser impaciente. E o pior de tudo foi que não me desculpei. Ao menos não a princípio.

Não entrarei em detalhes sobre a atitude dela que gerou minha reação — digamos "acalorada"—, mas reagi com tanta agitação, impaciência e raiva que a calei totalmente. Percebi que a havia calado. Só uma imbecil não perceberia. Mas consertei a situação pedindo perdão? Não. Continuei meu dia. (Só um adendo: se você quiser entrar na IF:Gathering, por favor, não deixe esse incidente desencorajá-la a se inscrever, 99% do tempo sou muito legal.)

Mais tarde naquele dia, depois que saí do escritório, pensei em ligar para a nova integrante da equipe e me desculpar, mas então minha linha de raciocínio seguiu numa direção de autojustificação: *Talvez não tenha sido nada de mais para ela. Provavelmente ela até já esqueceu. Talvez ligar e trazer a atenção para meu deslize só piore as coisas.*

Pensei em como havia justificado minha reação porque o ponto de vista dela tinha ficado tão excluído. Também pensei a respeito de quanto eu estava cansada e faminta, e isso merecia um pouco de misericórdia. Sim, tinha certeza de que, se ela soubesse quanto estresse eu estava passando, teria misericórdia de mim.

Então, tive misericórdia de mim mesma.

Se estivesse prestando mais atenção, teria reconhecido a mentira de que minha autoestima é um bom guia para me orientar na vida.

Consegue se identificar? Nós comparamos, contrapomos, justificamos, julgamos e passamos uma quantidade ridícula de tempo ponderando nossa identidade e lugar neste mundo. Talvez seja por isso que o apóstolo Paulo tenha nos alertado a não considerar a nós mesmas mais do que deveríamos. Em vez disso, devemos "dar honra aos outros, mais do que a si próprios".[1]

No entanto, desenvolver essa visão para a vida exige interromper deliberada e repetitivamente a trajetória natural de nossos pensamentos.

Um de meus pensadores favoritos na vida cristã é o pastor do século XIX e escritor prolífico, Andrew Murray. Um de seus livros mais conhecidos fala sobre a humildade. Na verdade, este é o título do livro: *Humildade*. Não é muito criativo, mas, às vezes, o simples funciona melhor.

No livro, Murray escreveu longamente a respeito das nuances de considerar os outros "mais importantes do que nós mesmos", referindo-se a tal humildade em termos solenes como "participação na vida de Jesus", "o lugar de total dependência de Deus", "o único solo em que a misericórdia brota", "a disposição que prepara a alma para viver em confiança", "nossa redenção" e "nossa salvação".[2]

Ele também disse o seguinte: "Costuma-se fazer a seguinte pergunta: como podemos considerar os outros melhores do que nós quando vemos que são muito inferiores do que nós em sabedoria e santidade, em dons naturais ou em graças recebidas?"[3]

Agora veja — é por isso que amo Andrew Murray. Ele sabia exatamente como nossa mente trabalha contra nós e teve coragem de traduzir nossos pensamentos reais em palavras!

O orgulho diz:

É ele que está errado.

A reação exagerada dela foi o que gerou essa confusão.

Eu não sou tão ruim assim.

Meu pensamento sobre perder a paciência com minha colega foi, *Não foi nada de mais.*

Você provavelmente já sabe o desenrolar dessa história.

Nas 24 horas seguintes, uma passagem das Escrituras ficou em minha mente. Na verdade, sempre que minha boca me coloca em problemas, costumo pensar nessa passagem de 1 Pedro 2. O contexto gira em torno de como devemos viver como o povo escolhido e especial de Deus, e a resposta breve é que devemos seguir o exemplo de Jesus. Mas acho que você já sabia disso!

É aqui que fica complicado, ao menos para mim. Jesus, que desceu dos céus à Terra e assumiu a forma humana, viveu Sua vida perfeitamente e foi declarado por Deus, no final, como alguém sem pecados. Isso inclui o intenso confronto com líderes religiosos que decidiram que Ele seria morto em uma cruz romana. Isso para um homem que, segundo o verso 22, "não cometeu pecado algum, e nenhum engano foi encontrado em sua boca".

Então, Jesus se viu perante homens poderosos, que tinham em suas mãos o poder de enviá-Lo para Sua morte. Eles estavam questionando-O — insultando-O, diz o texto — pedindo que defendesse Sua causa. Jesus enfrentou uma decisão importante: como Ele reagiria?

A resposta sempre me condena. "Quando insultado", diz o versículo 23, "não revidava; quando sofria, não fazia ameaças, mas entregava-se àquele que julga com justiça."

Ai.

Jesus não fez nada errado e segurou Sua língua quando foi acusado falsamente; minha colega talvez, meio que, tipo se enganou, e eu reagi a atacando?

O Caminho da Humildade

Venho falando há vários capítulos sobre as diversas escolhas que podemos fazer quando somos confrontadas com padrões de pensamento tóxicos, sobre *pensamentos diferentes* que podemos escolher ter, pensamentos que refletem a mente de Cristo.

Quando somos tentadas, por exemplo, a usar a ocupação para nos distrairmos e não enfrentarmos a verdade, podemos escolher, em vez disso, ficar em silêncio na presença de Deus.

Quando nossa mente é consumida por ansiedade, dúvidas e medos, podemos escolher, em vez disso, lembrar daquilo que é verdade sobre Deus.

Podemos pensar em Sua proximidade.

Podemos pensar em Sua bondade.

Podemos pensar em Sua provisão.

Podemos pensar em Seu amor.

Quando somos tentadas a acreditar que estamos totalmente sozinhas no mundo, podemos optar, em vez disso, pelo seguinte pensamento: *O espírito de Deus vive dentro de mim e, em virtude disso, nunca estou só. Existem pessoas que me amam, que querem estar comigo. Posso entrar em contato com elas em vez de ficar aqui, travada.*

Quando somos tentadas a ter pensamentos céticos — de que a vida não tem valor, de que nossos esforços não têm sentido, de que nada importa no final, de que não se pode confiar em ninguém —, podemos optar por nos abrirmos para o mundo ao nosso redor, nos deleitando no próprio Deus e em tudo o que Ele fez por nós.

Podemos fazer todas essas escolhas para reconfigurar nossos padrões de pensamento e ajudar a nos tornarmos quem desejamos ser.

Isso nos leva à nossa quinta arma para desviar os padrões de pensamento danosos: *humildade*. Um dos inimigos de nossa mente especialmente feroz nessa geração é a visão inchada de nós mesmas que nos é entregue nas redes sociais, nos programas e filmes a que assistimos e, até mesmo, nos livros de autoajuda que lemos. Recebemos continuamente a mensagem de como somos importantes — e acreditamos em cada palavra do enganador.

Podemos fazer uma escolha diferente.

Quando o inimigo nos convida a provar do fruto da presunção e "ser como Deus",[4] podemos escolher, em vez disso, pegar nossa cruz e seguir Jesus, sabendo que nossa identidade está fixada apenas n'Ele.

Mas tudo em nossa natureza humana lutará contra isso.

MENTIRA: Quanto mais autoestima eu tiver, melhor será minha vida.

VERDADE: Quanto mais eu escolher Deus e os outros acima de mim mesma, mais alegre serei.

Tenha a mesma atitude de Cristo Jesus:

Que, embora sendo Deus,
    não considerou que o ser igual a Deus,
        era algo a que devia apegar-se;
mas esvaziou-se a si mesmo
    vindo a ser servo,
        tornando-se semelhante aos homens.
E, sendo encontrado em forma humana,
    humilhou-se a si mesmo
    e foi obediente até a morte,
    e a morte na cruz![5]

ESCOLHO SERVIR A DEUS E AOS OUTROS EM VEZ DE A MIM MESMA.

Eu Tenho Escolha

EMOÇÃO
RAIVA

PENSAMENTO
SOU MELHOR DO QUE AS OUTRAS PESSOAS

COMPORTAMENTO
AUTOPROMOTOR E AUTOPROTETOR

RELACIONAMENTOS
DESGASTADOS E NEGLIGENCIADOS

CONSEQUÊNCIA
DESCONHECIDA E SENTINDO-SE MAL-AMADA

CONSEQUÊNCIA
SERVIR AOS OUTROS DE FORMA ALTRUÍSTA

RELACIONAMENTOS
GENEROSOS E ALEGRES

COMPORTAMENTO
PROMOVE E PROTEGE OS OUTROS

PENSAMENTO
QUANTO MAIS ESCOLHER DEUS E OS OUTROS EM VEZ DE MIM MESMA, MAIS ALEGRE SEREI.

ESCOLHO SERVIR A DEUS E AOS OUTROS

EMOÇÃO
RAIVA

Postei recentemente no Instagram esta citação geralmente atribuída a Andrew Murray:

> Humildade é a quietude perfeita de coração. É não esperar nada, não ficar pensando sobre o que fazem para mim, não sentir nada sobre o que foi feito contra mim. É ficar em paz quando ninguém me elogia e quando sou culpada ou desprezada. É ter uma casa abençoada no Senhor, onde posso entrar, fechar a porta e ajoelhar-me perante meu Pai no secreto, e estarei em paz, como em um mar profundo de tranquilidade, quando tudo ao meu redor é aflição.

Os comentários em resposta a esse post foram impagáveis:

"Uau. Isso é difícil."

"Que diferente."

"Nossa. Essa doeu."

A humildade é impossível em comparação às atitudes deste mundo. Nossos pensamentos em espiral são incapazes de entender como descansar em vez de buscar aprovação.

Porém, curiosamente, **não fomos feitas para sermos o centro de nosso próprio mundo.**

A presunção pode atrapalhar aqueles belos neurônios-espelho sobre os quais falei alguns capítulos atrás. Você lembra o que eles fazem? Eles nos ajudam a ter empatia pelos outros e a nos conectarmos em nível visceral. Quando estamos inundadas por pensamentos sobre quanto somos importantes, nossos neurônios-espelho são prejudicados. Foi por isso que, em minha espiral de presunção, foi quase impossível entender realmente o ponto de vista de minha colega.[6]

Algo Menos do Que Ótimo

O apóstolo Paulo incorporou a ideia de permanecer tranquilo mesmo ao ser culpado ou desprezado. Enquanto estava na prisão — provavelmente em uma prisão domiciliar —, imaginando se seria executado, ele declarou seu principal desejo de regozijar-se, de louvar a Deus, de espalhar as boas novas onde quer que fosse. "Mas o que para mim era lucro, passei a considerar como perda, por causa de Cristo", disse ele.

> Mais do que isso, considero tudo como perda, comparado com a suprema grandeza do conhecimento de Cristo Jesus, meu Senhor, por quem perdi todas as coisas. Eu as considero como esterco para poder ganhar Cristo e ser encontrado nele, não tendo a minha própria justiça que procede da Lei, mas a que vem mediante a fé em Cristo, a justiça que procede de Deus e se baseia na fé. Quero conhecer Cristo, o poder da sua ressurreição e a participação em seus sofrimentos, tornando-me como ele em sua morte para, de alguma forma, alcançar a ressurreição dentre os mortos.[7]

Paulo tinha um desprezo incrível tanto por suas perdas como por suas conquistas. Ele desprezava as coisas que o resto do mundo estima. Ele desprezava até a si mesmo, sabe. Ele não se importava nem um pouco com o que acontecia com ele, contanto que pudesse conhecer mais de Jesus. Na verdade, sabe essas coisas que o restante de nós considera importantes? "Esterco!" Foi como Paulo as chamou.

Acho esses insights de Paulo surpreendentes, especialmente em nossa época. Se eu tivesse que indicar a linha de pensamento mais destrutiva em nossa cultura do século XXI, seria nossa incessante busca em sermos ótimas. Investimos muito esforço tentando ser distintas, bem-sucedidas, mais inteligentes, mais fortes, mais magras… ótimas. Amamos ser ótimas. É tão ótimo ser ótima.

Queremos ser ótimas — como em *realizadas e bem-sucedidas*. Claro, podemos expressar isso em termos aceitáveis, como "fazer grandes coisas para o reino" ou "tornar o nome de Deus conhecido". Mas, de alguma forma, nossos pensamentos tornam-se repentinamente centrados não n'Ele, mas em nós mesmas — como podemos atingir nossos objetivos, realizar nossos sonhos, aumentar nossa influência, nos posicionarmos para o sucesso.

Deixe-me contar uma historinha. Desde que a conheço, minha amiga, Heather, morre de vontade de usar seus dons de escrita e ensino. Mas, seja qual for o motivo, ela não se arrisca! Mesmo com tanta gente encorajando-a, porque ela é realmente muito talentosa nisso.

Recentemente, estávamos ao telefone, colocando o papo em dia, e ela relatou algumas visões bastante críticas a respeito de outras pessoas que estavam indo atrás de seus objetivos.

São pessoas que ambas amamos, pessoas que estão construindo, servindo e arriscando sua pele.

Então, por que minha amiga realmente amável, piedosa e criativa estava sendo tão crítica? Porque — talvez como (ela vai odiar isso) o homem de meia-idade rabugento, comendo salgadinhos na arquibancada enquanto decide como o Brasil deveria ter jogado para vencer a Argentina — ela estava na arquibancada, comendo salgadinhos, sem arriscar a própria pele no jogo.

Passamos muito tempo olhando para os outros — não para que possamos encorajá-los em seu crescimento, mas para que possamos saber como qualificá-los. Convencemos a nós mesmas de que Deus quer que sejamos maravilhosas. Preocupamo-nos com empoderamento. **Mas a alegria duradoura virá somente quando Deus for o centro; não quando eu for empoderada, mas quando descansar em Seu poder.**

Quando nossos pensamentos são totalmente sobre nós mesmas, nos esquecemos de quanto precisamos de Jesus. Compramos a mentira do autoempoderamento: "Você consegue". Esquecemo-nos de que somos chamadas a pegar nossa cruz e segui-Lo, a compartilhar Seus sofrimentos e viver "de maneira digna da vocação que receberam. Sejam completamente humildes e dóceis, e sejam pacientes, suportando uns aos outros com amor. Façam todo o esforço para conservar a unidade do Espírito pelo vínculo da paz."[8]

Eu reajo de forma injusta com uma colega e, então, fico angustiada, culpada e com raiva. Para me sentir melhor, abafo esses sentimentos e simplesmente sigo em frente. Depois, sinto culpa novamente, mas, em vez de me desculpar, começo a listar os motivos pelos quais eu estava certa e ela errada.

Percebe alguma tendência na sequência a seguir?

Eu sinto angústia.

Eu sinto culpa.

Eu sinto raiva.

Eu abafo essas emoções.

Eu sigo em frente.

Eu listo os motivos.

Eu decido que estou certa.

Eu, Eu, Eu, Eu, Eu.

Um orgulho inflado preenche meus sentidos e me faz continuar justificando, defendendo, abdicando de responsabilidades e me recusando a fazer alguma coisa.

Sou o centro desse cenário, que enfraqueceu o laço entre mim e minha colega de trabalho.

Humildade. Às vezes é simplesmente tão *difícil*, sabe? Não sou melhor do que uma criança que prefere perder tudo o que gosta em vez de dizer: "Desculpe-me. Eu errei."

ESCOLHO A HUMILDADE →

Então, me lembro de Jesus.

Inocente e acusado injustamente.

Ainda assim, totalmente humilde de coração.

Nosso amigo, o apóstolo Paulo, apontou Jesus como nosso guia que mostra como abrir mão da grandeza. Em Filipense 2, ele escreveu: "Seja a atitude de vocês a mesma de Cristo Jesus."[9]

E o que era essa atitude?

Embora sendo Deus, [Ele] não considerou que o ser igual a Deus era algo a que devia apegar-se; mas esvaziou-se a si mesmo, vindo a ser servo, tornando-se semelhante aos homens. E, sendo encontrado em forma humana, humilhou-se a si mesmo e foi obediente até a morte, e morte de cruz.[10]

Ele esvaziou a Si mesmo assumindo a forma de servo.

Ele humilhou a si mesmo tornando-se obediente até a morte.

Isso soa tão convincente para você quanto soa para mim?

Um sacrifício que exige esvaziamento, mansidão total, humildade de coração — isso não foi simplesmente um ato generoso de Jesus para a humanidade. A intenção era, também, ser exemplo — como em um ato que *Seus seguidores fariam constantemente.*

Acolhendo a morte do egocentrismo.

Suportando a morte dos sonhos.

Permitindo a morte do hiperconsumismo.

Sendo *menos incrível, menos amado, o último.*

Jesus humilhou profundamente a Si mesmo para que fôssemos impelidos a viver uma vida de profunda humildade também.

Isso é, se *escolhermos* isso.

O Lado Bom da Humildade

Quando percebemos que caímos na mentira de nossa própria grandeza e fazemos a mudança para escolher a humildade, podemos seguir o exemplo de Jesus, que "não considerou que o ser igual a Deus era algo a que apegar-se..."

que "esvaziou-se a si mesmo..."

que assumiu "a forma de servo..."

que "humilhou a si mesmo..."

que tornou-se "obediente até a morte, e morte de cruz."

Quando imitamos as qualidades que motivaram esses atos, colocamos Deus em Seu lugar de direito. Substituímos a mentira de nossa grandeza pela verdade de quem Deus é — e quanto somos carentes longe d'Ele. A humildade se torna a única postura lógica de nossos corações.

No dia seguinte ao meu episódio de impaciência e sob a convicção evidente da condenação de Deus, puxei minha colega de lado e pedi perdão a ela. "Preciso me desculpar por algo que disse ontem", comecei. "Eu estava errada e sinto muito. Minha reação foi muito injusta."

Sabe como pensei que ela talvez não tivesse nem percebido o deslize, que talvez tivesse superado e simplesmente seguido em frente? Pois é. Não foi bem assim.

"Posso espairecer um pouco", pediu ela calmamente, "e depois podemos sentar e conversar sobre isso?"

Eu a havia magoado — profundamente. Ela ficou triste por 24 horas.

A Bíblia deixa claro que a humildade vem com benefícios,[11] mas deixe-me apresentar três benefícios específicos aqui, tendo em mente essa situação infeliz com minha colega.

A Humildade Nos Ajuda a Desistir de Sermos Incríveis

Sei algo sobre mim mesma que costumava passar muito tempo tentando esconder: aproxime-se muito de mim e eu a desapontarei rápida e frequentemente.

Ainda que eu deteste que isso seja verdade, é verdade. Pedestais são casas terríveis, e quanto mais cedo minha colega perceber que está trabalhando com uma pecadora que, por acaso, lidera uma organização (e que, por acaso, talvez perca a paciência com ela uma vez e depois se sinta terrível), melhor.

Bem, não estou justificando meu comportamento, mas o fato é que cometerei erros. Serei egoísta e, às vezes, desatenta e ríspida. Vou desapontá-la. Não terei a *intenção* de fazer essas coisas, mas elas acontecerão de vez em quando. Vou pisar feio na bola. Como sei disso?

Porque consegui entender que não sou tão boa assim.

Antes que você me defenda: *Acredito que essa compreensão seja o objetivo.* Pouco me importar com o que você pensa a meu respeito. Pouco me importar até com o que eu penso a meu respeito. Você tem ideia da liberdade que experimentaríamos se valorizássemos essas duas simples verdades?

Meu filho, Cooper, tem 10 anos e é a personificação da presunção. Amo essa criança, mas defendo minha avaliação. Acho que todos somos assim aos 10 anos: somos grande coisa — ao menos acreditamos ser. (O ensino médio costuma consertar essas coisas, então, vou deixar assim mesmo.) De qualquer forma, Cooper, que se importa mais com roupas e sapatos do que suas duas irmãs adolescentes juntas, desceu as escadas outro dia vestindo os caros tênis Air Jordan que sua avó havia lhe dado e me lembrou de que "precisava" de uma jaqueta de couro. Faz semanas que ele pede uma. Não sei qual de seus heróis do basquete ele viu usando uma jaqueta de couro, mas agora a vida de Cooper não ficará completa até que ele tenha uma. "Só quero ser *incrível*", dizem-me seus olhos suplicantes.

Eu e você seríamos diferentes? Aos 10 e aos 40 anos, nossos olhos dizem exatamente a mesma coisa.

Quando (finalmente) escolhi me humilhar com aquela colega e pedir seu perdão pelo que fiz, fiquei aliviada. Tinha feito aquela coisa antiga que Deus nos pede, aquilo que eu e você costumamos odiar.

Eu havia me humilhado.

Eu havia me desculpado.

Eu havia consertado as coisas.

Hoje mesmo eu e ela estávamos trocando mensagens sobre nosso desentendimento, capazes de rir disso agora.

Sei que atualmente há um furor em se falar quanto todos são maravilhosos, como cada uma de nós é *especial, talentosa* e *suficiente*. Mas devo lhe dizer, não encontro essas ideias nas Escrituras. Encontramos nossa "suficiência" apenas em Cristo. Sendo assim, a Palavra de Deus diz para nos posicionarmos na visão oposta à de nossa cultura: quando somos fracos, isso é, na verdade, bom, porque o poder de Cristo se torna mais evidente em nós.[12]

Por acaso acho essa notícia *fantástica*.

Recentemente li um artigo sobre os problemas que vêm com o sucesso. Incluía a citação a seguir, de um homem que, pelos padrões terrenos, tornou-se maravilhoso. "Imagine a vida como dois barômetros", disse ele.

> Um é como o mundo o vê. O outro é como você enxerga a si mesmo. Conforme sua posição mundana se eleva, sua

autoimagem despenca. As pessoas abusam de si mesmas com comidas requintadas, bebidas, drogas ou sexo — para que possam evitar ser muito bem-sucedidas. Por que os CEOs que estão no topo do mundo têm problemas de autoestima? É simples: as pessoas que se sentem como sacos de [...] sobrecompensam e agem como deuses da criação.[13]

A presunção sempre implode a si mesma, porque não fomos feitos para viver como deuses.

Porém, com todas as provas contrárias, as conquistas ainda são a droga mais popular de nossa geração.

Ouça. Há um motivo pelo qual não gostamos de visitar asilos e hospitais. Há um motivo para fingirmos. Há um motivo pelo qual compramos coisas rotuladas como "anti-idade". Há um motivo para dirigirmos um carro mais caro do que podemos bancar. Há um motivo para repararmos em rótulos.

Todos queremos ser incríveis, ainda que Cristo seja o único incrível.

Essa é uma das verdades mais libertadoras e raramente aceitas acerca de seguir a Cristo: em virtude do sacrifício de Jesus, recebemos no pacote a "maravilhosidade" d'Ele. Recebemos a retidão d'Ele. Recebemos perdão. Recebemos descanso. Obtemos misericórdia por nossa alma.

A humildade nos lembra da verdade. Ela diz: "Relaxa. Sua única esperança é Jesus."

É uma boa nova e nos permite o descanso que todos buscamos.

A Humildade Nos Ajuda a Ver as Pessoas Como Deus as Vê

Anteriormente, mencionei que um dos motivos pelos quais amo Andrew Murray é ele ter tido a coragem de admitir o que eu e você provavelmente pensamos de vez em quando, algo como: *Como posso ser humilde com* ele/ela *(seja quem ele/ela for), se ele/ela é tão prejudicial/ irritante/errado(a)?*

Eis o restante do pensamento a esse respeito: "A questão prova de uma vez o pouco que entendemos ser a verdadeira modéstia da mente. A verdadeira humildade vem quando, à luz de Deus, percebemos que não somos nada, consentimos em ceder e rejeitamos nosso ego para permitir que Deus seja tudo".[14]

"Rejeitar nosso ego". Não usamos mais essa frase, mas ela é boa. Isso significa deixarmos nossas próprias preocupações e considerações de lado, afastá-las de nós, depositá-las em Deus. Mateus 6:33 promete que, ao rejeitarmos nossas próprias preocupações, Deus promete cuidar de nós. Algo maravilhoso acontece quando "rejeitamos nosso ego", que é, então, termos espaço para considerarmos os *outros*. Quando não estamos ocupados sendo consumidos por nosso próprio ego, percebemos as outras pessoas no mundo, pessoas que podemos ser capazes de servir. Nós as vemos sob uma perspectiva nova. Vemos suas fragilidades e necessidades.

Quando despertei para o fato de que precisava me desculpar com minha colega, minha empatia também despertou. Ao me dirigir a ela, reconhecer meu deslize e dizer "Você pode, por favor, me perdoar?", fui capaz de ver as coisas sob a perspectiva dela. Fui capaz de absorver quanto minhas ações haviam sido danosas e erradas.

Certa vez, o fervoroso pastor batista, Charles Spurgeon, disse: "Sua própria beleza espiritual pode ser medida pelo que você é capaz de enxergar nas outras pessoas."[15] Foi só depois que escolhi humilhar a mim mesma que consegui enxergar a frustração de minha colega, sua angústia e sua dor.

Provérbios 4:7 diz: "Procure obter sabedoria; use tudo o que você possui para adquirir entendimento." A humildade nos traz ambos *rapidamente.*

A Humildade Nos Ajuda a Tratar as Pessoas Como Jesus as Trataria

Existe um terceiro benefício em escolher a humildade, que é podermos atender àqueles que precisam. Você se lembrará de que, em resposta às minhas desculpas, minha colega pediu um tempo para espairecer. Além de uma postura de humildade, quem cederia a um pedido assim? *Você precisa pensar se vai aceitar meu pedido de desculpas?*

Perante o pedido dela, lembro-me de pensar, *Não. Quero consertar isso agora!* Mas adivinha? Não tinha a ver comigo. Ela tinha o direito de pedir aquilo.

A humildade diz: "Eu não somente vejo você, como escolho elevar suas necessidades acima das minhas."

Então, eu lhe disse — talvez até com sinceridade —: "É claro, amiga. Tome o tempo que precisar. Estarei aqui quando estiver pronta para conversar."

Um Prazer Improvável

Há pouco tempo, eu e minha filha, Kate, estávamos conversando sobre um seriado de que eu gostava na Netflix, quando ela disse: "Eu adoro, mas também odeio, sabe?" Ela prosseguiu e disse que estava percebendo que a escolha — totalmente aceitável socialmente — de relaxar com a Netflix dificilmente é benigna. "Quando passo uma noite fazendo isso", relatou Kate, "em vez de, digamos, ler minha Bíblia ou ficar com Deus em oração, acabo indo em uma direção totalmente diferente daquela que iria se tivesse optado pelo mais edificante".

Ela riu. "Não sei isso me torna uma caxias ou algo assim."

"Todos deveríamos ser caxias assim", disse eu.

É o seguinte. Acredito na Bíblia. Quero viver o que ela diz. Quero ser mais como Jesus a cada dia. Apesar dessas nobres intenções, o fato é que não posso invocar a humildade sozinha. Há um motivo para que nossa primeira escolha neste livro tenha envolvido aquietar-nos e buscar Deus. Não podemos nos tornar mais como Ele se estivermos longe d'Ele, comunicando a Si mesmo para nós. A humildade vem apenas quando escolho estar com Ele e depender d'Ele, em vez de acreditar na mentira de que sou suficiente.

Um de meus dicionários bíblicos favoritos define a *humildade* desta forma: "Uma condição de modéstia ou aflição na qual alguém experimenta perda de poder e prestígio."

Em seguida, ele esclarece a definição com isto: "Fora da fé bíblica, a humildade, nesse sentido, geralmente não seria considerada como virtude. Dentro do contexto da tradição Judaico-Cristã, porém, a humildade é considerada como a atitude adequada dos seres humanos perante seu Criador. A humildade é uma consciência grata e espontânea de que a vida é um dom e é manifesta como um reconhecimento não relutante e não hipócrita de dependência absoluta de Deus".[16]

Fora da fé bíblica, a humildade seria *loucura*. Quem quer *menos* poder, *menos* prestígio? Mas, dentro da fé bíblica, essa dependência total de Deus é virtuosa.

Se Deus me criou e me ama, por que eu haveria de querer roubar Sua glória? Não posso roubar a glória de Deus, porque sou apenas humana — mas por que eu sequer tentaria?

A verdade é que nosso coração não está, de fato, em busca de poder; ele está em busca de alegria. E a mentira na qual acreditamos é que, de alguma forma, a alegria virá quando tivermos poder. **A alegria vem quando deixamos nosso poder de lado e descansamos no poder de Deus.** A alegria vem quando colocamos a ênfase onde ela pertence: em quanto Deus é maravilhoso, e não nós.[17]

Há misericórdia no processo. Cooper está aprendendo essa verdade, junto comigo e com você.

Meu filho não tão pequeno assim está crescendo rapidamente e precisava de sapatos novos; então fomos à nossa loja de artigos esportivos favorita em família. Ele havia ganho um pouco de dinheiro e podia comprar o tênis que todos os seus amigos queriam. Mas escolheu um muito mais simples e barato e ficou muito entusiasmado.

Quando Zac o colocou para dormir à noite, do nada Cooper disse: "Pai, eu não queria comprar os tênis que o pessoal descolado tem. Acho que Jesus não ia querer que eu usasse tênis que dissessem 'Olhem para mim'. Ainda posso ser descolado com esse. Não superdescolado, mas o suficiente."

Ah, se pudéssemos alinhar nossos pensamentos de modo que nossa vida não dissesse: "Olhem para mim"; mas que tudo em nós declarasse: "Olhem para Você, Jesus!"

Minha oração para mim mesma — e para você também — é que sejamos totalmente dependentes de Deus. Que busquemos Ele, encontremos Ele, aprendamos d'Ele e dependamos d'Ele, que estejamos neste mundo como o próprio Jesus esteve; que aceitemos todos os convites para a humildade, priorizando as necessidades dos outros acima das nossas; e que não desprezemos aquilo que nos fará crescer ao nos relembrarmos de que precisamos nos curvar cada vez mais baixo.

"Praticamente todo cristão passa por estes dois estágios em sua busca pela humildade", disse nosso bom amigo, Andrew Murray.

> No primeiro ele teme, foge e busca libertação de tudo o que pode humilhá-lo... Ele ora por humildade, às vezes honestamente; mas em seu coração secreto ele ora mais, se não com palavras, então em desejo, para ser afastado das mesmas coisas que o tornarão humilde... Isso ainda não se tornou sua alegria e único prazer. Ele ainda não é capaz de dizer: "De boa vontade glorifico na fraqueza, tenho prazer naquilo que me torna humilde".

Mas podemos ter esperança de chegar ao nível em que esse seja o caso? Sem dúvidas. E o que nos levará a esse nível? *Aquilo* que levou Paulo até lá — *uma nova revelação do Senhor Jesus.*[18]

"Ter prazer naquilo que me torna humilde". Cara. Que meta sofisticada. Uma forma tão livre de pensar sobre nossas circunstâncias e as pessoas a nosso redor.

"Pai, ajude-me a escolher o prazer da humildade hoje." É um começo.

Não é justo.

Sempre me sentirei assim.

A essa altura estou apenas tentando sobreviver.

Nunca me recuperarei totalmente de
tudo o que já me aconteceu.

Jamais serei feliz novamente.

Eu não mereço isso.

Minha vida não deveria ser assim.

Quero seguir em frente, mas não consigo.

Você não acreditaria em tudo pelo que já passei.

Por que nunca tenho um momento de paz?

13

Não Derrotada

Escolho Ser Grata

MINHA QUERIDA AMIGA, BROOKE, ESTAVA DESILUDIDA E FRUSTRADA. Ela era formada e acreditava que deveria haver algo mais adequado às suas habilidades do que um emprego em que precisava ficar em pé o dia todo em uma loja. Ainda assim, seis dias por semana, ela dirigia 20 minutos de seu apartamento até a loja Anthropologie onde trabalhava, reclamando o tempo todo de quanto sua vida estava longe de ser aquilo que ela havia vislumbrado para si mesma.

Então, ela ouviu algo que abriu seus olhos para o verdadeiro problema em sua vida.

"Lembro-me do dia em que comecei a ouvir as Escrituras no carro", contou-me ela. Mal havia se passado dois minutos de áudio quando uma passagem a pegou desprevenida.

O texto era de Filipenses 1: "Agradeço a meu Deus toda vez que me lembro de vocês", disse Paulo. "Em todas as minhas orações em favor de vocês, sempre oro com alegria, por causa da cooperação que vocês têm dado ao evangelho, desde o primeiro dia até agora. Estou convencido de que aquele que começou a boa obra em vocês vai completá-la até o dia de Cristo Jesus."[1]

Paulo era grato — muito grato. Ele era grato por seus companheiros fiéis, pela diligência de seus colegas de trabalho, por onde estava, apesar de estar em prisão domiciliar. O homem estava cuidando de sua mente.

Enquanto Brooke dirigia para o trabalho e ouvia essas palavras de Filipenses, ela não pôde evitar ser impactada pelo contraste entre ela e Paulo. O apóstolo havia sido preso por pregar o evangelho, porém, apesar desse tratamento injusto, achou adequado dar graças. Ele achou adequado continuar orando, continuar ministrando, continuar lutando pelos corações de homens e mulheres ao lado de seus colegas fiéis.

E o que ela havia achado adequado fazer? Segundo ela: *reclamar*.

Mas seu pensamento mudou aquele dia. "Jennie", disse-me ela, "passei a enxergar minha vida de um jeito novo". Ela percebeu que podia escolher como enxergava seu trabalho. Quando entrou na loja naquela manhã, viu suas colegas com outros olhos. Decidiu firmar relacionamentos reais com elas, buscando novas formas de cuidar delas e de servi-las. Começou a interagir de um jeito diferente com as clientes, vendo-as não como estranhas sem nome, mas como pessoas reais com histórias que podiam precisar de verdadeira misericórdia. Começou a usar o tempo de seu percurso para orar. Depois de um mês dessas novas práticas, ela me disse que não detestava mais seu trabalho. Na verdade, ela o *amava*.

Em vez de concentrar-se na injustiça de sua circunstância e remoer quanto ela merecia algo melhor, algo que utilizasse suas habilidades e formação para melhor servir, ela começou a enxergar seu emprego não tão realizador como uma oportunidade de promover o reino.

Deus a havia colocado em um lugar estratégico para amar os outros, e agora ela estava entusiasmada para fazer parte do plano d'Ele.

Em vez de procurar coisas para reclamar, minha amiga agora procurava motivos para agradecer. Ela não sabia disso na época, mas estava fazendo a si mesma um favor ainda maior do que simplesmente garantir um trajeto mais agradável de ida e volta do trabalho e uma maior satisfação ao longo de seu dia. Ela estava *reconfigurando seu cérebro* ao escolher a gratidão. Estava permitindo que Deus a reconstruísse, de corpo e alma.

Seu Cérebro à Base de Gratidão

O vitimismo é mais um inimigo de nossa mente que nos mantém concentradas em qualquer outra coisa que não no Deus do Universo, acreditando na mentira de que estamos à mercê das circunstâncias.

Mas nós temos escolha. Podemos focar nossos pensamentos na certeza de que, **independentemente do que vier, somos mantidas seguras pela justa destra de Deus.**[2]

Isso direcionará nossa mente para a gratidão.

Há alguns anos, a revista *Psychology Today* citou um estudo do National Institutes of Health que relatou que indivíduos que "demonstravam mais gratidão em geral tinham níveis maiores de atividade no hipotálamo", que é, vou lhe contar, caso você também ficasse desenhando durante as aulas de biologia no colégio, a parte de seu cérebro que controla as funções corporais — comer, beber, dormir e todos os mecanismos.[3]

Fazer algo tão simples quanto dizer "Obrigada" é como uma afinação em seu mundo interior.

Expressar gratidão fez os indivíduos experimentarem um aumento nas doses de dopamina, o neurotransmissor de recompensa que deixa o cérebro feliz. Resumindo, cada vez que um indivíduo expressava gratidão, o cérebro dizia: "Ooh! Faça isso novamente!" Dessa forma, sentir gratidão levava a sentir mais gratidão, o que levava a sentir ainda mais gratidão. "Quando você começa a ver coisas pelas quais ser grata, seu cérebro começa a procurar mais coisas pelas quais ser grata."[4]

A pesquisa revelou sete benefícios-chave para aqueles que praticam a gratidão:

1. "A gratidão abre portas para mais relacionamentos." Algo tão simples quanto dizer "Obrigada" a alguém que você mal conhece torna aquela pessoa mais propensa a buscar uma amizade com você.

2. "A gratidão melhora a saúde física." Quando as pessoas são gratas, elas se exercitam mais, tomam decisões melhores acerca de sua saúde e sentem menos dor.
3. "A gratidão melhora a saúde psicológica." Ela reduz as emoções prejudiciais como inveja, frustração e arrependimento.
4. "A gratidão melhora a empatia e reduz a agressividade." Um estudo descobriu que "pessoas gratas são mais propensas a se comportarem de maneira sociável", o que acho ser a forma mais bonita de dizer que há menos chances de uma pessoa grata ser uma idiota.
5. "Pessoas gratas dormem melhor", o que é uma razão boa o suficiente por si só para sermos mais gratos.
6. "A gratidão melhora a autoestima" e permite que uma pessoa comemore verdadeiramente as conquistas dos outros em vez de desejar que fossem suas conquistas.
7. "A gratidão aumenta a força mental", ajudando a pessoa a diminuir o estresse, a superar traumas e a aumentar a resiliência, mesmo durante tempos difíceis.[5]

Só uma pergunta: se a gratidão é boa para nós — e é, Deus nos fez dessa forma —, então por que é tão difícil sermos gratas quando a vida não acontece conforme esperávamos?

Você Está Pronta para uma Mudança?

Já se perguntou por que algumas pessoas parecem mais felizes do que você, mesmo que estejam passando por momentos mais difíceis? Talvez você tenha visitado cristãos em países em desenvolvimento, pensando que estivesse lá para lhes ministrar em suas necessidades e acabou percebendo, por meio de seu sorriso, alegria e altruísmo, que era você que tinha uma necessidade.

Pois é, eu também.

Quando Paulo escreveu sua carta aos Filipenses, a maior exposição sobre alegria jamais escrita, ele estava, na verdade, preso a correntes em prisão domiciliar. Paulo compreendeu algo que nós, em nossos casulos de conforto no Ocidente, raramente percebemos. Ele entendeu que, como fomos feitas novas criaturas, temos o poder do Espírito e uma escolha a fazer. Mudar nossa mente *é* possível.

Nós não precisamos nos descontrolar — porque sabemos que nossa felicidade está fixada em algo maior do que qualquer coisa que podemos enxergar aqui e agora.

Isso levanta uma segunda questão: onde está buscando sua felicidade? Seja em opioides ou elogios dos outros, o que quer que a faça experimentar emoções fortes de felicidade ou decepção — essa é a coisa pela qual você provavelmente vive. E é a mesma coisa que está destruindo sua vida.

Se tudo o que Paulo enxergasse fossem as circunstâncias e a incapacidade de dar um fim à sua prisão, ele certamente teria ficado desanimado. Mas as circunstâncias não ditavam seus pensamentos. Foi seu amor por Jesus e a confiança em um Deus bom, amável e no controle que consumiam sua mente e lhe davam propósito. E o mesmo poder que ressuscitou Cristo dos mortos, o mesmo Espírito que capacitou Paulo a confiar nas circunstâncias mais adversas é totalmente acessível a mim e a você. Agora.

Quando mudamos das linhas de pensamento debilitantes para pensamentos que são úteis, que honram a Deus e são sábios, podemos fazer a escolha de sermos *gratas*. Podemos ser pessoas que agradecem constante e sinceramente, independentemente de nosso passado ferido ou das circunstâncias que enfrentamos atualmente.

Paulo certamente fez essa escolha, como demonstrado pelo fato de que foi rápido em expressar gratidão aos fiéis em Filipo, apesar da dor alucinante que havia enfrentado. Se alguém conheceu o sofrimento, esse alguém foi Paulo. Em Atos 9:15–16, Deus disse a Ananias: "Vá! Este homem é meu instrumento escolhido para levar o meu nome perante os gentios e seus reis, e perante o povo de Israel. Mostrarei a ele quanto deve sofrer pelo meu nome."

> **MENTIRA**: Sou vítima de minhas circunstâncias.
>
> **VERDADE**: Minhas circunstâncias me trazem oportunidades de experimentar a bondade de Deus.
>
> > Alegrem-se sempre. Orem continuamente. Deem graças em todas as circunstâncias, pois esta é a vontade de Deus para vocês em Cristo Jesus.[6]
>
> **ESCOLHO SER GRATA, INDEPENDENTEMENTE DO QUE A VIDA TROUXER.**

E Paulo, de fato, sofreu.

No livro de Atos, lemos que ele enfrentou

- ter sua vida ameaçada em Damasco
- ter sua vida ameaçada em Jerusalém
- ser expulso de Antioquia
- possível apedrejamento em Icônio
- apedrejamento e ser deixado para morrer em Listra
- oposição e controvérsia
- perda de Barnabé, seu amigo e colaborador no evangelho
- ser espancado com varas e aprisionado
- ser expulso de Filipo
- ter sua vida ameaçada em Tessalônica
- ser expulso de Bereia
- ser ridicularizado em Atenas
- ser preso por uma multidão em Jerusalém
- ser preso e detido pelos Romanos

Eu Tenho Escolha

EMOÇÃO
AUTOPIEDADE

PENSAMENTO
SOU VÍTIMA DE MINHAS CIRCUNSTÂNCIAS

COMPORTAMENTO
RECLAMAÇÕES

RELACIONAMENTOS
COLOCAR CULPA

CONSEQUÊNCIA
SEMPRE INFELIZ

CONSEQUÊNCIA
ALEGRIA

RELACIONAMENTOS
MISERICORDIOSOS

COMPORTAMENTO
DAR GRAÇAS

PENSAMENTO
MINHAS CIRCUNSTÂNCIAS SÃO UMA OPORTUNIDADE PARA EXPERIMENTAR DEUS

ESCOLHO SER GRATA

EMOÇÃO
AUTOPIEDADE

- ser açoitado/flagelado
- ser preso por mais de dois anos em Cesareia
- passar por um naufrágio na ilha de Malta
- uma mordida de cobra
- ser preso em Roma[7]

Sabemos, por registros em outros lugares, que Paulo também enfrentou confrontos, traição de amigos, mais acusações, chicoteamentos, espancamentos, apedrejamentos, aprisionamentos, roubos e, novamente, foi abandonado para morrer.[8] Se qualquer *uma* dessas coisas tivesse acontecido no decorrer de minha vida, eu concentraria todo o meu mundo nesse evento. Daria entrevista a respeito. Escreveria um livro sobre aquilo. Montaria palestras sobre o assunto. Contaria a *todos* quão ruim havia sido. Colocaria-me como vítima, algo que Paulo nunca escolheu fazer. No que foi batizado de nossa "cultura do vitimismo", Paulo certamente teria se destacado.

E de que estamos reclamando? Aparentemente de toda e qualquer coisa.

Estou lhe dizendo, existe um caminho muito melhor — o caminho da gratidão.

Deus certificou-se de incluir uma chamada clara para a gratidão nas Escrituras porque Ele sabe que **apenas quando formos plantadas no solo da gratidão, aprenderemos, cresceremos e prosperaremos:** "Alegrem-se sempre. Orem continuamente. Deem graças em todas as circunstâncias, pois esta é a vontade de Deus para vocês em Cristo Jesus."[9]

Nós Não Somos Escravas de Nossas Circunstâncias

Já contei sobre a dificuldade de minha filha mais nova com a dislexia? Todos os dias observo Caroline lutar para aprender com a lição de casa, com os livros e as palavras. E todos os dias isso parte meu coração.

ESCOLHO A GRATIDÃO

Mês passado fui a uma simulação de dislexia, onde, durante duas horas, experimentei o que minha filha enfrenta o tempo todo, todos os dias. Foi exaustivo.

Para alguém com dislexia, não é o simples fato de uma palavra aparecer com as letras fora de ordem e em fontes incompletas — *amigo* parece *aigo* ou *agimo* ou *ambigo* ou *amioo* —, mas essas letras incompletas e fora de ordem ficam saltando enquanto você tenta lê-las, tornando quase impossível entender qual é a palavra. Você consegue decodificar uma palavra em um livro com 50 mil palavras e se sente o máximo. "*Amigo*! Está escrito *amigo*. A palavra é *amigo*, não *aigo*!"

Ufa. Só faltam 49.999 palavras.

Após aquela simulação, cheguei em casa e fui direto falar com Caroline. "Você é *extraordinária* para mim", disse a ela.

Ela agoniza, luta, se esforça e chora, mas jamais desistiu. Sim, essa é a luta mais difícil de sua vida. Mas *ela não é essa luta.*

E Caroline recorda sua mãe, que foi diagnosticada com TDAH, da seguinte verdade: podemos observar nosso sofrimento sem sermos dominadas por ele. Podemos *vê-lo* sem nos tornarmos suas escravas.

Recusar-se a sermos escrava de nossas circunstâncias não significa não lutarmos pelo que é certo. Na verdade, as Escrituras nos *ordenam* a lutar agindo com justiça, pedindo por justiça e defendendo a causa dos oprimidos.[10] No entanto, em Cristo, podemos lutar não de um lugar de insegurança e revolta, mas de um lugar de confiança tranquila, de paz e amor. Por quê? Porque nossa vitória é certa. Nós já vencemos.

Essa é uma distinção importante, acredito. Vivemos em uma época em que verdadeiras injustiças têm sido nomeadas, trazidas à luz e, eventualmente, superadas e solucionadas. Amo isso. Deus ama isso. Ele nos exorta a trazer os pecados à luz, para que se tornem impotentes no mundo. Combater o racismo, pronunciar-se contra abusos físicos e sexuais dentro e fora da igreja, defender o bem-estar de crianças, mulheres, minorias, imigrantes e crianças não nascidas

— essas causas são de suma importância para Jesus. Elas devem ser de suma importância para nós.

Há opressores bastante reais por aí. Às vezes, há opressores bastante reais *aqui* também, dentro da igreja, pessoas vitimizando outras para ganhos egoístas. Odeio essa realidade, mas não podemos negá-la.

Porém, independentemente de como nos sintamos a respeito dessas situações, há muito o que podemos fazer. Para começar, podemos mudar a linguagem que cercam esses eventos. Podemos ajudar aqueles que foram vitimizados a se libertarem de uma vez por todas.

Mesmo em Hollywood, defensores decidiram referir-se àqueles que sofreram nas mãos de abusadores como "sobreviventes" em vez de "vítimas", e acho essa mudança importante. Definir-nos pelos erros dos outros é nos tornarmos indefesas e fracas. Entregar nosso poder e alegria a nossos agressores só serve para continuarem nos prendendo.

Sim, é tentador encontrar morada em nossa dor, nos definirmos pelas péssimas experiências que sofremos. Mas se tenho aprendido uma coisa com meus familiares e amigos, é que existe um caminho muito melhor.

Minha amiga, Tara, levantou-se na igreja ontem à noite e falou sobre as diversas declarações racistas que as pessoas direcionaram a ela ao longo de sua vida, dos ataques físicos diretos que sofreu e da dor que conhece há muitos anos. Alguns desses comportamentos imperdoáveis aconteceram em uma casa de adoração anterior, o que fez Tara hesitar em envolver-se em uma igreja local. "Mas decidi fazer uma escolha", disse ela corajosamente. "Estou escolhendo confiar novamente."

Ela continuou contando sua história sobre como entrou em nossa igreja e sobre o lançamento de uma série de conversas de reconciliação racial que estão reunindo mulheres de diversas etnias para discutir como nos unimos verdadeiramente e fazemos melhor.

Olho para o impacto de Tara em nossa congregação e penso, *Como pode alguém tão injustiçado virar-se para as pessoas que a magoa-*

ram e dizer: "Quero construir uma ponte para ir até você. Quero tentar novamente"?

Tara responderia à minha pergunta com uma única palavra: *Jesus*.

O caminho de Jesus muda tudo. Em Jesus, podemos reconhecer nossa frustração, nossa dor e nosso sofrimento sem abdicar de nossa paz e alegria. **Em Jesus, podemos mudar o lugar *de onde* lutamos sem mudar aquilo *por que* lutamos**. Pelo poder de Jesus, podemos demonstrar a nós mesmas e aos outros que, independentemente de quão trágica a situação pareça, Deus age para redimir *todas* as coisas. Por gratidão a Jesus, podemos enxergar os propósitos de Deus em nossa dor.

Tara entende que, ainda que sua luta seja real, ela tem a vitória garantida no final. E, desse lugar de confiança grata, ela pode pedir ajuda, confiar e amar.

Buscando os Propósitos de Deus Por Trás da Dor

Digo novamente, podemos reconhecer nosso sofrimento sem abdicar de nossa alegria. Podemos lutar por justiça, mas partindo de um lugar de paz. Como não encontramos nossa identidade em uma causa, estamos seguros em quem somos em Jesus. Então, tem o seguinte: quando fazemos a corajosa mudança do vitimismo para a gratidão, afirmamos nossa compreensão de que *Deus continua comprometido em redimir todas as coisas*.

Paulo disse aos Filipenses que ele tinha certeza de que tudo o que havia acontecido com ele havia acontecido por um propósito específico. Esse propósito, você pode imaginar, era espalhar o evangelho — a boa nova de Deus sobre amor e misericórdia.

> Quero que saibam, irmãos, que aquilo que me aconteceu tem, ao contrário, servido para o progresso do evangelho. Como resultado, tornou-se evidente a toda a guarda do palácio e a todos os demais que estou na prisão por causa de Cristo. E os irmãos em sua maioria, motivados no Senhor

pela minha prisão, estão anunciando a palavra com maior determinação e destemor...

De fato, continuarei a alegrar-me, pois sei que o que me aconteceu resultará em minha libertação, graças às orações de vocês e ao auxílio do Espírito de Jesus Cristo. Aguardo ansiosamente e espero que em nada serei envergonhado. Ao contrário, com toda a determinação de sempre, também agora Cristo será engrandecido em meu corpo, quer pela vida, quer pela morte; porque para mim o viver é Cristo e o morrer é lucro.[11]

Ao escolher a gratidão em vez do vitimismo, Paulo concentrou seus pensamentos no propósito de Deus por trás da dor. Ele foi capaz de se concentrar no impacto de sua prisão, que envolveu a guarda do palácio a vir a conhecer a Cristo. Ele pôde ver que Deus sempre estaria agindo, fosse por sua vida ou por sua morte, em sua paz ou em seu sofrimento. A ministração do evangelho por meio de Paulo estava longe de terminar; na verdade, estava apenas começando.

Mas, para enxergar os propósitos de Deus, temos que mirar nossa vista além de nossas situações imediatas. Temos que nos lembrar de que, mesmo hoje, temos escolha: podemos escolher adorar e honrar a Deus onde estamos, confiando que servimos a um Deus que é ao mesmo tempo transcendente e imanente — palavras sofisticadas para dizer que as ações d'Ele estão além da compreensão humana[12] — ainda assim, Ele escolhe estar perto de nós, estar conosco, mesmo nos momentos mais difíceis, quando ainda não somos capazes de enxergar como é possível que Ele tire qualquer coisa boa de nossas circunstâncias.

Como mencionei antes, nos últimos 5 anos, os planos de Deus para mim incluíram minha melhor amiga sofrendo tanto um divórcio exaustivo quanto uma série de derrames violentos, minha irmã caçula tendo sua vida idílica virada de cabeça para baixo, meu filho mais velho indo para a faculdade, nossa família sendo desarraigada e realocada, ao menos em partes, contra a nossa vontade, por uma temporada de 18 meses de uma desilusão tão intensa que eu tinha certeza de estar perdendo minha fé ou a cabeça. Concordo totalmente que os planos de Deus são benevolentes e bons. Mas talvez acredite nisso apenas depois que passar.

No momento em que recebo a notícia do derrame, quando a decisão de mudar é tomada, quando a dúvida ameaça me derrubar — será que escolho ser grata pelos planos de Deus nesse momento também?

Deixe-me contar a respeito de duas pessoas que incorporaram essa escolha da gratidão em vez do vitimismo. Dee era um capitão da Marinha Americana para quem armaram um encontro às escuras. O nome da mulher era Roddy, e os dois se deram bem. Dee e Roddy foram melhores amigos e colegas por 48 anos de casamento.

Conheci Roddy três meses depois que Dee faleceu de ELA. Ela gentilmente me permitiu entrevistá-la durante um evento do ministério de mulheres, uma conversa que ainda trago comigo. "Percebi que Dee estava enrolando as palavras um dia no café da manhã", explicou Roddy às 300 mulheres à sua frente. "Sabia que havia algo errado."

Em um espaço de 12 meses, um homem que era expressivo, animado, confiante e ativo, ficou imóvel em casa, mudo e terrivelmente esquelético em uma cadeira de rodas reclinada. "Falar" exigia a trabalhosa digitação de letras com uma caneta presa a dois dedos, um clique lento por vez. Rolar na cama era algo impossível. Vestir-se sozinho? Fora de cogitação também. "Se eu estava feliz com isso?", questionou Roddy. "A resposta é *não*."

ELA, que significa *esclerose lateral amiotrófica*, é uma doença do sistema nervoso que enfraquece os músculos progressivamente, até que não reste nenhuma força física. É extremamente rara e incurável. A expectativa de vida a partir do diagnóstico é de meros 2 a 5 anos. "Ele viveu por 2 anos e meio depois que descobrimos que tinha ELA", conta Roddy. "Então Dee se foi."

Perguntei se ela havia se aborrecido com Deus em algum momento, em virtude da tragédia que havia enfrentado. O conceito era tão estranho para ela que pareceu ofendida com a pergunta. "Brava com Deus?", perguntou ela. "Sabe, não perguntamos sequer uma vez 'Por quê?'. No máximo perguntamos 'Por que *não*?'". Roddy disse que a fé deles em Jesus lhes assegurou que Deus usaria até mesmo a doença e eventual morte de Dee para o bem.

E Deus a usou. E Deus ainda a usa.

No momento do diagnóstico de Dee, ele e Roddy serviam no ministério de casamentos de nossa igreja há uma década. Mesmo depois que Dee ficou preso a uma cadeira de rodas e incapaz de vocalizar seus pensamentos, ele comparecia às reuniões e aos eventos do ministério, determinado a continuar compartilhando sua fé, digitando as letras em seu simulador de texto em voz: *Tec, tec, tec*. "Jesus veio à Terra." *Tec, tec, tec*. "Ele morreu por nossos pecados." *Tec, tec, tec*. "Ele ressuscitou." *Tec, tec, tec*. "E Ele está sentado à direita do Pai." *Tec, tec, tec*. "Enquanto eu tiver fôlego" — *tec, tec, tec* — "contarei as boas novas."

Olhei para Roddy enquanto ela falava para nosso grupo naquela noite, admirando sua perseverança e candura, e percebi que parte do bem que Deus havia trabalhado nos envolvia, ali naquela noite. Não havia sequer um olho seco naquela sala enquanto as mulheres absorviam o peso da história de Roddy. "Eu ainda não aceito totalmente que Dee tenha ido embora para nunca mais voltar", revela ela. "Mas sei de uma coisa: sua morte não foi um fim, mas uma extensão. E estou determinada a continuar por aqui para descobrir até onde vai essa extensão."

As Bênçãos Que Não Pedimos

C. S. Lewis escreveu: "Meu argumento contra Deus era que o Universo parecia tão injusto e cruel. Mas de onde eu tirei esta ideia de *justo* e *injusto*? Um homem não diz que uma linha é torta a menos que tenha ideia do que é uma linha reta. A que eu estava comparando este Universo quando o chamei de injusto?"[13]

Talvez seja apenas coincidência, mas eis algo que observei: as pessoas mais gratas que conheci são aquelas que mais sofreram. Essa não é uma recomendação para buscarmos sofrimento para que possamos entrar no topo do gráfico de pessoas gratas.

Mas é um apelo para que pensemos cuidadosamente a respeito de como reagimos a nosso trabalho mundano e chato ou aos momentos mais sombrios de nossa vida. **Não precisamos gostar de nossas circunstâncias, mas podemos escolher procurar as bênçãos inesperadas que elas podem trazer.**

Quando Zac estava no fundo de sua depressão, lembro-me de não gostar dos planos de Deus.

Quando sentei-me muda com minha irmã, sabendo que nada que eu dissesse amenizaria sua dor, lembro-me de não gostar dos planos de Deus.

Quando Caroline chorou na última noite de férias de Natal porque não conseguia reunir forças para lidar com a dislexia na escola no dia seguinte, lembro-me de não gostar dos planos de Deus.

Quando minha querida amiga e colega, Hannah, sentiu-se arrasada por tantas faltas na vida — a falta de um namorado, falta de um mentor, falta de um grupo de amigas, falta de um carro confiável — não gostei nem um pouco dos planos de Deus.

Quando entes queridos enfrentaram casamentos desfeitos e promessas quebradas, com diagnósticos e desesperos, com demissões e letargias na maternidade, com pais idosos e adolescentes angustiados, os planos de Deus não pareceram necessariamente benevolentes. Nesses momentos, a vida parece, na melhor das hipóteses, cruel.

Ainda assim...

Eu e Zac não conhecemos Deus mais intimamente *em virtude de* nossas dificuldades?

Katie não obteve mais capacidade por acreditar em Deus, de joelhos, naqueles dias sombrios?

Caroline não aprendeu a deixar as pessoas a ajudarem, porque sem ajuda ela seria incapaz de conseguir?

As bênçãos que Hannah recebeu neste último ano não foram mais doces do que seriam, caso ela não tivesse sofrido suas faltas?

Eu e você não olhamos para trás, para os momentos mais difíceis e enxergamos que eles nos trouxeram um crescimento mais profundo?

"Nos gloriamos nas tribulações", disse Paulo, "porque sabemos que a tribulação produz perseverança; a perseverança, um caráter aprovado; e o caráter aprovado, esperança. E a esperança não nos decepciona, porque Deus derramou seu amor em nossos corações por meio do Espírito Santo que ele nos concedeu."[14]

Perseverança, caráter e esperança concedida pelo Espírito — essas são marcas daqueles que escolhem a gratidão.

Recentemente, fui fazer cerâmicas com algumas amigas em uma noite só das meninas. Como sigo muitos ceramistas no Instagram, achei que seria uma ótima ceramista! Surpreendentemente — para mim, pelo menos — eu não era. Cheguei lá com ideias de criar um vaso maravilhoso pintado à mão, ao estilo da grife Anthropologie, mas saí com uma caneca deformada com cor de barro.

Contei a uma de minhas amigas ceramistas a respeito de minha decepção; perguntei por que raios ela ama fazer cerâmica, já que pode ter um resultado tão arrasador. "Exatamente por isso!", revelou ela. "Você se dedica tanto e, então, coloca a peça no fogo sem saber o que vai virar. Depois, abre o forno e segura o fôlego, imaginando se a peça se quebrou em mil pedaços ou se será a coisa mais linda que você já viu".

Essas são, de fato, as duas únicas opções, não é? Não somente para cerâmicas, mas também para nós. Quando passarmos pelo fogo que inevitavelmente encontraremos na vida, sairemos fortificadas ou despedaçadas?

Pai Celeste, nos ajude a escolher com sabedoria. Que sejamos encontradas firmes em nossas chamas, glorificando-O.

Não tenho nada a oferecer.

Mereço uma pausa.

Outra pessoa pode fazer isso.

Quando alguém vai me ajudar?

Não há lugar onde eu consiga me conectar.

14

Corra Sua Corrida

Escolho Buscar o Bem dos Outros

ZAC ESTÁ VIAJANDO E, ESTA MANHÃ, NA LOUCURA DE TENTAR MANDAR as crianças para a escola, foi minha vez de entrar em pânico. Cooper foi em direção à porta com sua mochila, pronto para a escola — com meias nos pés. Ele simplesmente ia entrar no carro e, suponho, ir para a escola sem sapatos.

Já estávamos atrasados, e os irmãos mais velhos estavam estressados. Ele tem diversos pares de sapatos, que fique claro, mas não conseguia encontrar o que queria vestir, o que estava atrasando todos nós.

Pensei, *Você está nos atrasando, Cooper. É sua culpa seus irmãos estarem atrasados.*

Pensei, *É egoísmo fazer todos se atrasarem porque você não gosta dos sapatos que tem para usar.*

Pensei, *Você escolhe justamente esse momento, quando seu pai está viajando, para ter esse impasse comigo?*

Quando entrei numa espiral completa de emoções, abri minha boca e disse o inimaginável. "Se você não estiver no carro em 30 segundos calçando sapatos", disse eu, "NÃO GANHARÁ PRESENTE DE NATAL."

Ai!

O que eu tinha acabado de falar?

Bem, essa declaração era falha por diversos motivos. Primeiro, eu sabia que, mesmo que Cooper escolhesse calçar o par de sapatos não desejado, ele não poderia vesti-los, pegar suas coisas e estar no carro em meio minuto.

Segundo, e o pior na verdade, eu tinha acabado de fazer uma ameaça totalmente absurda contra uma criança que amo, uma ameaça que definitivamente jamais cumpriria!

O quê? Eu presentearia nossos três outros filhos e deixaria Cooper sem presentes este ano?

Finalmente Cooper chegou no carro calçando algo, e finalmente levei ele e os outros para a escola. Depois de deixarmos seus irmãos, meu pobre filho se desculpou pelo caos que havia causado e, em seguida, disse: "Então, mãe, essa história de não ter presentes — você vai mesmo fazer isso?"

Ui.

Conforme pratiquei os padrões que temos visto juntas, comecei a dominar meus pensamentos e, consequentemente, minhas emoções e meu comportamento. Como a implosão daquela manhã mostra, ainda não faço isso perfeitamente. Mas houve bastante progresso.

Estamos seguindo para um nível que dá um passo além. Queremos desesperadamente nos libertar do caos de nossa mente — mas nos libertar para quê? A ideia de liberdade em nossa cultura costuma ser sobre ser livre para fazer o que quiser. A ironia é que, quando passamos por fases de fazer o que queremos, estas acabam sendo nossas piores fases. **Não fomos feitas para viver por conta própria.**

Penso nos 18 meses de dúvida que me prenderam e como a complacência dominou meu espírito naturalmente zeloso. Minha dúvida e desilusão espirituais roubaram minha energia e meu desejo de servir. Sem uma inclinação para o serviço, inclinei-me para um excesso de Netflix, de mídias sociais, de açúcar, de sofrimento. Clique, role, consuma, chore — enxágue e repita.

E como o diabo é sutil, meu desejo por essas coisas nessa fase continuaram crescendo, e minha zelosa paixão pela alma e pelas coisas de Deus se enfraqueceram. Eu não tinha vontade de ir ao mercado, quem dirá às nações com a mensagem da graça de Deus.

O que experimentei nessa fase não tem nada a ver com a forma como a vida deveria ser vivida. Fomos feitas para sermos ativas, participantes intencionais na história eterna de Deus. A complacência reescreve totalmente o roteiro.

A Sedução da Complacência

Complacência é encontrar conforto na mediocridade, aceitar as coisas como são, apegando-se ao status quo. Está por trás de nossa tendência a nos excluirmos, nos afastarmos e nos insensibilizarmos. Se nosso maior objetivo na vida simplesmente for não arrumar problemas, então por que *não* comer toda a pizza, beber a garrafa inteira de vinho, tomar três litros de sorvete, jogar Candy Crush por três horas seguidas ou ficar na cama o dia todo?

As questões que orientam nossos padrões de pensamento não são mais *Como Deus me usará hoje?* e *Como posso apresentar Jesus a alguém?* Em vez disso, nos concentramos em...

O que eu quero?

De que preciso?

Como conseguirei o que quero e aquilo de que preciso?

O que estou com vontade de fazer?

O que me deixará mais feliz?

O que me deixará mais confortável? O que me deixará bonita?

O que me fará parecer inteligente?

O que me protegerá de me machucar ou de levar toda a culpa?

O que me fará sentir satisfeita?

Essa é a questão ao redor da qual todas as outras giram.

Imagino que poucas coisas dão ao diabo mais satisfação do que nossas formas de buscar conforto. Não somos uma ameaça a ele quando estamos totalmente preocupadas com as coisas deste mundo.

Como o teólogo e professor emérito, D. A. Carson, observou:

> As pessoas não deslizam em direção à santidade. Exceto pelo esforço orientado pela graça, as pessoas não gravitam em direção à divindade, oração, obediência às Escrituras, fé e prazer no Senhor. Nós vamos em direção ao meio-termo e o chamamos de tolerância; vamos na direção da desobediência e a chamamos de liberdade; vamos na direção da superstição e a chamamos de fé. Apreciamos a indisciplina da perda do autocontrole e a chamamos de relaxamento; nos perdemos na direção da falta de oração e nos iludimos a pensar que escapamos do legalismo; vamos na direção da iniquidade e convencemos a nós mesmos que fomos libertos.[1]

O apóstolo Paulo nos dá a arma da verdade que nos liberta das correntes aveludadas da complacência: "Mantenham o pensamento nas coisas do alto, e não nas coisas terrenas."[2] Por quê? Porque como aqueles que foram enterrados em Cristo e ressuscitados na fé, nós já morremos para as coisas deste mundo. Nossa verdadeira vida está ligada a Cristo.

Meu marido sempre diz que a definição de *liderança* é "tomar a iniciativa pelo bem dos outros". Quando rejeitamos a passividade e atentamos às necessidades ao nosso redor, vemos nossa mente fixada nas coisas de Deus. Deus nunca é passivo. Deus está sempre trabalhando para nosso bem e Sua glória.

MENTIRA: Posso fazer o que eu quiser.

VERDADE: Deus me libertou para servir aos outros, e não para satisfazer a mim mesma.

> Irmãos, vocês foram chamados para a liberdade. Mas não usem a liberdade para dar ocasião à vontade da carne; ao contrário, sirvam uns aos outros mediante o amor.³

ESCOLHO BUSCAR O BEM DOS OUTROS EM VEZ DO MEU PRÓPRIO CONFORTO.

O Chamado à Ação

Penso em Jesus usando a parábola para dizer a Seus discípulos — e, por tabela, a nós — que "estejam prontos para servir, e conservem acesas as suas candeias, como aqueles que esperam seu senhor voltar de um banquete de casamento; para que, quando ele chegar e bater, possam abrir-lhe a porta imediatamente."⁴

Estejam prontos para servir!

Conservem acesas as suas candeias!

Esperem seu senhor voltar!

O que acredito que seja diferente do tipo de espera que eu e você geralmente fazemos, esperando que o entregador de pizza chegue logo.

Ele continuou — e aqui está meu ponto: "*Felizes os servos* cujo senhor os encontrar vigiando, quando voltar. Eu lhes afirmo que ele se vestirá para servir, fará que se reclinem [os servos] à mesa, e virá servi-los".⁵

Veja, é por isso que o axioma de Jesus é real, que "Há maior felicidade em dar do que em receber".⁶ Quando somos fiéis em procurar oportunidades para servir, quando vivemos nossa vida *a postos* para o chamado do Mestre, somos aquelas que são servidas no final. Nosso Mestre atenderá, de fato, a todas as *nossas* necessidades.

Eu Tenho Escolha

EMOÇÃO
ESTRESSE

PENSAMENTO
POSSO FAZER O
QUE EU QUISER

COMPORTAMENTO
BUSCA
CONFORTO EM
BENEFÍCIO PRÓPRIO

RELACIONAMENTOS
EGOÍSTAS

CONSEQUÊNCIA
ENTENDIADA

CONSEQUÊNCIA
EFICIENTE

RELACIONAMENTOS
GENEROSOS
E AMÁVEIS

COMPORTAMENTO
BUSCA O BEM
DOS OUTROS

PENSAMENTO
DEUS ME LIBERTOU
PARA BUSCAR O BEM
DOS OUTROS ACIMA DO
MEU PRÓPRIO CONFORTO

ESCOLHO BUSCAR O BEM DOS OUTROS

EMOÇÃO
ESTRESSE

Por que importa que escolhamos o serviço em vez da complacência? Como tomar a iniciativa pelo bem dos outros nos ajuda a redirecionar nossos pensamentos negativos? O que está reservado para aqueles que servem constantemente? Nós devemos prestar atenção em nossos problemas, ou devemos simplesmente fingir que eles não existem? E se estivermos cansadas? E se estivermos sobrecarregadas? E se não *quisermos* fazer o bem? Devemos simplesmente fingir até conseguir, ou existe um caminho mais autêntico?

Como seguidoras de Cristo, temos que responder a essas perguntas para nós mesmas, porque aquilo em que acreditamos a respeito de trabalho pode estar em contradição com o plano bom e criativo de Deus para nós.

Deus Ama o Trabalho

Um motivo-chave para que aquele que ama Deus escolha o serviço em vez da complacência é que Deus valoriza muito o trabalho. Ele *ama* o trabalho, como Suas ações demonstram no início dos tempos. Como vimos em nosso capítulo sobre combater o ceticismo, Deus claramente teve prazer em Seus esforços criativos, tratando o trabalho como a bênção que ele é. Com total excentricidade, Ele criou tanto os pavões como as girafas, os ornitorrincos e mais. Ele trabalhou, e Seu trabalho foi motivado por puro deleite.

Adivinha? N'Ele, nosso trabalho também pode ser um prazer. Fomos feitas mordomas do trabalho que Deus nos deu. Como mordomas, Ele é nosso amado Mestre em quem confiamos e a quem honramos. E trabalhamos para Sua glória e de mais ninguém.[7]

Intuitivamente, entendemos que isso é verdade. Quer dizer, admita: pode ser gostoso se atracar com um pacote de batatas fritas e molho enquanto navega nas redes sociais por uma ou duas (ou três?) horas; mas em *algum* momento você não fica agitada e irritada como eu? Sua alma não começa a gritar por algo mais?

Sabe o que nossa alma está nos dizendo? Estão dizendo: *Isso simplesmente não é suficiente para mim!*

É claro que não é suficiente para você, porque, enquanto se concentrar em si, jamais será suficiente. O fato é que **nosso cérebro foi feito para se desenvolver quando estamos servindo aos outros.** Apesar de subconscientemente buscarmos sermos servidas e ter nossas necessidades supridas, pesquisas provaram que nosso cérebro, na verdade, se sai muito melhor quando estamos na ponta que oferece, em vez de estarmos na ponta que recebe.

Servir aos outros reduz a atividade nas porções de nosso cérebro relacionadas a estresse e ameaças.[8]

Pessoas que vivem com propósito dormem melhor e vivem mais.[9]

Servir aos outros acende uma região que é a parte do sistema de recompensas do cérebro,[10] o que nos ajuda a reconhecer e buscar coisas que nos trazem prazer, como uma boa refeição, uma interação encorajadora com um amigo, ou um abraço de um familiar em quem confiamos.

Fomos feitas à mão para desempenhar um papel na história eterna de Deus e experimentar propósitos profundos, não para perder tempo com salgadinhos e passatempos. Queremos mais do que isso, e há um motivo para tanto. Deus nos fez para desejar muito mais.

ENTREGUE-SE E OBEDEÇA

É difícil ler a Bíblia sem ver claramente o que Deus espera daqueles que dizem amá-Lo, daqueles que dizem a Ele: "Quero Sua vontade para minha vida."

Você quer conhecer a vontade de Deus para sua vida? Mostrarei a você em três palavras:

Entregue-se.

E obedeça.

É isso! Foram escritos tantos livros sobre encontrar a vontade de Deus e, ainda assim — *bum* —, aqui está, na frente de nosso nariz:

"Ele disse a todos eles: 'Se alguém quiser acompanhar-me, negue-se a si mesmo, tome diariamente a sua cruz e siga-me'".[11]

Em nossa economia mesquinha e de natureza humana, acreditamos que liberdade significa fazer as coisas do nosso jeito. Na verdade, a liberdade é encontrada em *dispor nossa vida* a serviço de Deus, o Único que nos fez, que nos conhece e que nos recebeu em comunhão com Ele. É nesse estado de total entrega que o desejo de obedecer surge em nós.

Pense nisto: obediência a Deus sem total entrega é um exercício de seguir as regras de forma robótica. Entregar-se a Deus sem obediência é o equivalente à fé sem nenhuma obra, o que é, como diz Tiago 2:17, *fé morta*.

Não. Para viver a abundância que nos foi prometida em João 10:10, precisamos ter partes iguais de ambos os ingredientes: entrega e obediência, obediência e entrega.

Vamos aonde Deus nos manda ir.

Ficamos onde Deus nos manda ficar.

Inclinamo-nos quando Deus sussurra nosso nome.

Servimos quando Ele nos pede para servir.

Sabe, tendemos a glamourizar o ministério terreno de Jesus, como se cada momento de Sua existência aqui tivesse sido repleto de entusiasmo e estímulos. Sim, houve ocasiões notórias ao longo daqueles três anos. Uma cena envolvendo pães e peixe vem à mente.

Às vezes nosso serviço é notado. Às vezes é mais público, e as pessoas nos elogiarão por ele, como no caso de muitos dos milagres e curas de Jesus.

Mas, às vezes, o serviço passa despercebido. Encontra-se em uma conversa beneficente, ou em uma refeição compartilhada. Boa parte da vida de Jesus aqui foi passada com um pequeno grupo, em uma pequena sala, com uma refeição simples, falando sobre perdão e graça, além de também observar os prejudicados e servir aos pobres.

Nada chamativo.

Nada "curtível".

Nada que chegaria ao noticiário do horário nobre.

Apenas uma vida comum com Aquele que estava constantemente se curvando para suprir às necessidades das pessoas.

Então, limpamos mesas de café da manhã, falamos gentilmente de alguém que esteja sendo criticado, escrevemos cartões de agradecimento, montamos planilhas, nos posicionamos contra injustiças, fazemos café, nos desculpamos pelo que dissemos, enviamos e-mails, abraçamos uma filha adolescente soluçando, trocamos fraldas, contatamos um cliente e ensinamos uma criança a amarrar os sapatos. Fazemos todas essas coisas e um zilhão de outras — tudo porque Deus nos induziu a isso.

Enquanto montamos a planilha para a glória de Deus, limpamos a mesa a serviço de Deus e nossas pessoas, não temos tanto tempo para nós mesmas.

É o ato de entrega.

É a escolha pela obediência.

É a alegria do autoesquecimento.

Precisamos nos tornar excelentes em nos esquecermos de nós mesmas.

Mas é difícil esquecer coisas grandes, especialmente nós mesmas.

Por isso desviamos nosso olhar. Veja, existe um plano maior de serviço em nossa vida, e é este. Interrompemos a espiral do ego e o padrão de complacência quando desfocamos nosso olhar do nós mesmas, fixamos os olhos em Jesus e corremos a corrida definida perante nós.

Qual corrida você está correndo? Você ao menos está na pista certa? Está parada? Está olhando para os próprios pés? Onde você está nisso tudo?

Deixe-me trazê-la para perto e lhe dizer que, quando você começa a assumir riscos pelo reino de Deus e a correr sua corrida sem desistir, Satanás fará tudo que estiver ao seu alcance para desencorajá-la. O diabo sente prazer em nos desviar da adoração, de correr nossas corridas, porque ele sabe que viver nosso propósito aqui é um resultado direto de nosso amor por Deus, nosso coração se concentra n'Ele por inteiro. Quando você olha para Jesus, fica tão movida por Seu amor, por Sua graça, tão movida pelo que Ele fez por nós, que não consegue se conter.

Então, você passa a fazê-Lo conhecido. É assim que devemos viver.

Serviço Determinado

Hebreus diz: "Livremo-nos de tudo o que nos atrapalha e do pecado que nos envolve, e corramos com perseverança a corrida que nos é proposta, tendo os olhos fitos em Jesus, autor e consumador da nossa fé."[12]

Eu achava que os três elementos-chave dessa passagem fossem uma progressão linear: você faz um, depois o outro e, então, o outro. Pensei que precisava (primeiro) livrar-me de meus pecados — meus padrões de pensamento negativos, minhas atitudes prejudiciais, meus terríveis egoísmos —, para que pudesse (segundo) correr minha corrida e, então, (terceiro) finalmente enxergaria Jesus, que provavelmente estaria muito satisfeito por eu ter feito as duas primeiras coisas.

Mas não é assim que Jesus age, e foi isso que me mostrou que eu havia interpretado os versos da maneira errada.

Você deve se lembrar de que foi quando "ainda éramos pecadores", segundo Romanos 5:8, que "Cristo morreu por nós". Todos sabemos que, se esperarmos até que todo pecado que nos prende seja retirado, então jamais começaremos a corrida! Estamos "refletindo, como um espelho, a glória do Senhor, somos transformados de glória em glória",[13] e não de uma vez só. Portanto, isso significa que não somos capazes de nos livrarmos de nossos pecados antes de começarmos nossa corrida.

E se tudo isso acontecer, de fato, simultaneamente? Isso mudaria a importância da missão em nossa vida. E se tivermos sido feitas para correr e, enquanto corremos, fixarmos os olhos em Jesus porque é necessário — precisamos d'Ele! — e nosso pecado e nossa distração desaparecerem? Jesus não morreu para evitarmos o pecado. Se estamos nos movendo, fracassando, encontrando perdão e nos movendo novamente, tudo com os olhos fitos em Cristo, vamos querer nos confessar desesperadamente e lidar com nosso pecado. Porque não fazer isso impede a missão de nossa vida.

Consegue entender como essa mudança é radical? Conforme corremos — conforme servimos aos outros — nosso pecado e nossa distração perdem força sobre nós, o que só facilita mantermos os olhos fitos em Cristo.

Deixe-me explicar de outra forma: se você me colocar em uma dieta e me disser que, por 30 dias, não poderei comer cachorro-quente, adivinhe em que pensarei por 30 dias seguidos?

Cachorro-quente.

Eu nem gosto tanto assim de cachorro-quente. Quer dizer, é gostoso, mas não penso nisso o dia todo.

Mas experimente me privar de um; *vou ficar desejando um*.

Bem-vinda à mente humana.

Se tentamos evitar o pecado, lembrando a nós mesmas todos os dias de *não* mentir, *não* enganar, *não* roubar, *não* servir aquela terceira taça de vinho, *não* esconder do marido aquela sacola, *não* exagerar naquele relatório de despesas do trabalho ou *não* pegar escondido aquele segundo cachorro-quente depois que todos foram para a cama, adivinhe em que vamos nos concentrar?

É muito melhor concentrar-se naquilo que nos leva adiante do que naquilo que nos puxa para trás.

Aquele único pensamento — *escolho servir* — nos leva a assumir riscos em nome de Jesus, o que nos leva a tirar os olhos de nós mesmas e, em vez disso, enxergar as necessidades dos outros, o que nos leva a agir para a glória de Deus, o que, por sua vez, nos leva a depender mais e mais da força divina de nosso Pai, o que, por fim, leva a um desejo mais profundo de adorar Ele. Esses momentos de adoração ilimitada, portanto, nos motivam a buscar aventuras espirituais ainda maiores, e isso nos deixa mais dispostas a assumir um risco adicional.

Esse risco levaria a mais serviço, dependência, e assim por diante. Veja, *essa* é uma espiral na qual posso entrar.

Mas ela não começará até decidirmos correr.

Até decidirmos servir.

Até decidirmos parar de priorizar o conforto pessoal e, em vez disso, ajudar a suprir as necessidades dos outros.

Quando servimos, tudo muda. E muda para melhor — e *rápido*.

Acredito que a determinação venha quando nos arriscamos por Deus, quando saímos de nossa zona de conforto e entramos naquilo que Ele nos chamou a fazer. Corremos a corrida perante nós. Precisamos de Deus e não temos tempo para nossos pecados, bagagens e fardos, porque estamos fazendo o nosso melhor para seguir e obedecer ao nosso Deus e fazer o trabalho importante que pode parecer insignificante em um dia qualquer.

Os treinadores de futebol americano da faculdade de meu marido costumavam dizer: "Você pode cometer erros. Nós podemos consertar erros. Mas é melhor que você se dedique 110%. Nada acontece sem esforço."

Amiga, você e eu precisamos ser pessoas determinadas em rejeitar a complacência e querer Deus mais do que qualquer coisa na Terra. Essa entrega nos liberta de qualquer preocupação em cometer erros ou em não nos parecermos com os outros ao nosso redor.

A primeira epístola aos Coríntios é muito clara a respeito disso. Se você for um cotovelo e não estiver sendo um cotovelo na igreja, o corpo não vai bem. Isso devia incomodá-la! De alguma forma, isso deveria enlouquecê-la, porque você deve se perguntar se está deixando todo o corpo de Cristo doente.

Era a isso que eu tinha que voltar toda vez que as dúvidas surgiam e sugeriam que, talvez, estivesse desperdiçando minha energia no ministério. Aquilo não era a meu respeito. Meu trabalho era obedecer a Deus, e Seu trabalho era mudar vidas.

Talvez você seja uma das poucas que já vive dessa forma.

Talvez esteja correndo sua corrida e ninguém esteja torcendo, mas você nem percebe porque seus olhos estão fitos em Jesus e existem pessoas que precisam de você.

Mas é mais provável que você esteja se abstendo. Acreditamos ser inadequadas, então, simplesmente desistimos e vivemos uma vida complacente. Ninguém nos deu permissão, então, não fazemos as coisas que Deus nos chamou a fazer. Deixamos de fazer parte dessa história maior.

Você consegue imaginar quanto o ministério de Jesus parecia ser ineficiente, exceto quando Ele fazia milagres? Na maioria dos dias, Ele apenas fazia refeições com pecadores, contando às pessoas histórias que não faziam nenhum sentido e desmascarando os religiosos influentes. Então, Ele foi morto, o que, na verdade, parece um fracasso do ministério! No entanto, Deus tinha um plano, e Jesus conhecia

Seu propósito final. Portanto, Ele não se importou com a aparência de Seu ministério para as pessoas ao Seu redor, e nós também não deveríamos. Quem somos nós para julgar os planos de Deus? Quem somos nós para julgar o que é eficiente para o reino de Deus?

Estamos falando de uma mudança de vida sobrenatural e eterna. Quem somos nós para julgar se nossa contribuição simbólica é significativa? Que tal se começássemos a dizer: "Farei o que o Senhor mandar hoje, Deus! Qualquer coisa. Estou dentro"? Se cada uma de nós fizesse isso, tenho certeza de que nos surpreenderíamos com as coisas que começariam a acontecer em nossa vida e neste mundo.

A Corrida para a Cruz

A parte seguinte de Hebreus 12 diz: "Ele, pela alegria que lhe fora proposta, suportou a cruz, desprezando a vergonha, e assentou-se à direita do trono de Deus. Pensem bem naquele que suportou tal oposição dos pecadores contra si mesmo, para que vocês não se cansem nem desanimem."[14]

Jesus veio em forma humana e fitou Seus olhos em uma alegria perante Si, a alegria de estar conosco para sempre, reconciliando pessoas para Si mesmo. Ele sabia que a cruz era o caminho para a alegria e sabia que Sua vida existira para salvar a humanidade. Ele tinha uma grande missão: salvar o mundo.

Esvaziar-se a Si mesmo era parte daquela missão. Ser santo e perfeito era parte daquela missão. Assumir a semelhança com os homens estava naquela missão. Ele fez tudo isso para revelar Deus a nós e para revelar a forma como seríamos salvos. Ele não esvaziou a Si mesmo somente na cruz; toda a Sua vida também dizia: "É assim que vocês viverão!"

Tantas vezes vamos a Jesus e O tornamos salvador de nossa alma, mas não olhamos para Ele como modelo de vida. Deixe-me lhe contar como é viver com essa mentalidade, ser determinada, ter apenas um foco, ter o mesmo coração, viver bem a vida.

Você se torna serva. Pensa nos interesses dos outros acima dos seus. O que quer que Deus nos mande fazer, fazemos.

Eis o que Paulo sabia: "Nada façam por ambição egoísta ou por vaidade, mas humildemente considerem os outros superiores a si mesmos. Cada um cuide, não somente dos seus interesses, mas também dos interesses dos outros. Seja a atitude de vocês a mesma de Cristo Jesus."[15]

As Escrituras são claras ao dizer que Jesus "não veio para ser servido, mas para servir e dar a sua vida em resgate por muitos".[16] E não há maior demonstração dessa verdade do que Jesus humilhando a Si mesmo, deixando o céu para vir à Terra na forma de um bebê vulnerável, sofrendo acusações injustas e suportando a morte em uma cruz romana.

A corrida proposta perante Jesus envolvia esvaziar-se a Si mesmo, assumir os pecados passados, presentes e futuros de toda a humanidade e passar três dias em um túmulo.

E ainda assim…

Lembre-se do que Hebreus 12 deixa claro: Ele fez todas essas coisas sem jamais perder o contato com a alegria. "Pela alegria que lhe fora proposta", diz o versículo 2, "suportou a cruz, desprezando a vergonha, e assentou-se à direita do trono de Deus" (NVI).

Jesus sabia que Sua corrida era centrada em uma grande missão. Ele sabia que Sua corrida O levaria direto para a cruz.

Mas eis outra coisa que Ele sabia: cumprir a missão que Deus Lhe havia pedido para cumprir era o melhor uso possível de Sua vida, então foi isso que Ele escolheu.

"Pela alegria que lhe fora proposta." Essa alegria é real e está vindo para nós também. Temos um futuro e esperança em Cristo. **Somos livres para servir de modo que nossa vida mostrará a todas as pessoas a alegria que temos agora e a alegria que virá**.

Não consigo imaginar melhor forma de viver.

Parte Três

PENSANDO COMO JESUS PENSA

15

Quem Você Pensa Que É?

MEU FILHO MAIS VELHO FOI PARA A FACULDADE ESTE ANO. E COMO qualquer mãe dedicada faria, tentei enfiar as últimas lições em sua preciosa mente nas últimas semanas antes de ele se mudar. Eis um breve resumo de meu último discurso feito para Conner no banco da frente de meu carro:

"Filho, você é luz. Sei disso porque já vi Deus em você. Vi você se transformar de um menino rebelde e egoísta em um jovem que reage a acusações, um jovem que ouve Deus e responde a Ele. Você ama as pessoas. Você coloca os interesses dos outros antes dos seus. Todas essas coisas são evidências de que Deus está em você.

"Então, você é luz. Isso é um fato. É sua natureza dada por Deus como um de Seus filhos.

"E você está indo em direção à completa escuridão.

"Haverá momentos em que você agirá como a escuridão, mas jamais será a escuridão e nunca mais estará confortável nela."

Assim como quis que essas verdades poderosas se instalassem na mente de Conner, quero o mesmo para você e para mim. Porque apenas nos apegando a elas com todo nosso ser poderemos encontrar a vitória a cada momento na batalha por nossa mente.

Sabe, no momento em que você recebe Jesus, torna-se uma nova criatura. Mas também naquele ponto, o inimigo decide vir contra você. Então, ainda que tenhamos poder e autoridade sobre nossa mente e nossa vida, e até mesmo sobre a escuridão que vem contra nós, temos que lutar uma guerra totalmente contra o pecado e a escuridão se não quisermos ser apanhadas por elas.

Paulo nos lança esta visão em Filipenses 3:

Muita gente está tomando outros caminhos, escolhendo outros alvos e tentando levar vocês com eles... Eles odeiam a cruz de Cristo... [Eles] transformam o próprio estômago em seu deus... Eles só conseguem pensar no próprio apetite.

Mas a vida que temos é muito melhor. Somos cidadãos dos altos Céus! Esperamos a vinda do Salvador, o Senhor Jesus Cristo, que transformará nosso corpo terrestre em corpo glorioso, como o dele. Ele nos fará belos e perfeitos com o mesmo poder que deixa tudo como deve ser, em toda parte.[1]

Nada tem mais impacto em mudar nossa mente e vida do que saber quem somos e o poder e a autoridade que recebemos.

Pensando com a Mente de Cristo

"Quando chegou a plenitude do tempo", lembra-nos Gálatas 4:4–7:

Deus enviou seu Filho, nascido de mulher, nascido debaixo da Lei, a fim de redimir os que estavam sob a Lei, para que recebêssemos a adoção de filhos. E, porque vocês são filhos, Deus enviou o Espírito de seu Filho ao coração de vocês, e ele clama, "Aba, Pai!" Assim, você já não é mais escravo, mas filho; e, por ser filho, Deus também o tornou herdeiro.

Deixamos de ser escravas do pecado para sermos filhas de Deus. Provavelmente tentaremos entender essa verdade extraordinária até chegarmos ao Céu.

Mas precisamos tentar, porque ela muda tudo em nós. Como filhas de Deus, cheias do Espírito Santo, *temos* a mente de Cristo, é o que Paulo nos diz em 1 Coríntios 2:16; a questão é se estamos *utilizando-a* para pensar os pensamentos que Jesus pensaria.

Estamos levando todo pensamento cativo e treinando nossa mente diariamente para pensar como Cristo?

A Parte 2 inteira deste livro falou sobre as escolhas que podemos fazer para ajudar a tirar nossa mente de pensamentos contraproducentes e autodepreciativos e levá-los para a verdade sobre Deus e sobre nós. A questão era treinar nossa mente para fazer uma escolha — uma escolha habilitada pelo mesmo Espírito que levou Jesus a fazer as outras escolhas que Ele fez.

Em outras palavras...

Como Jesus se afastou das multidões para estar com Seu Pai, você pode escolher aquietar-se com Deus em vez de distrair-se.

Como Jesus escolheu viver em comunidade com 12 homens antes de ascender aos céus, você pode escolher deixar que as pessoas a conheçam em vez de isolar-se.

Como Jesus confiou no Pai celestial em Seu momento de mais profunda agonia antes de ir para a cruz, você pode escolher parar de ter medo quanto ao que o futuro reserva e confiar em Deus.

Como Jesus tinha todos os motivos para se tornar um cético acerca da ruína do mundo e, ainda assim, escolheu constantemente amar os pecadores, você pode escolher deleitar-se em Deus e nas pessoas a seu redor.

Como Jesus obteve a vitória sobre o pecado e a morte e nos fez "mais do que vencedores" por meio de Seu amor, você pode escolher ser grata, independentemente das circunstâncias.[2]

Como Jesus não nos abandonou, mas nos prometeu o Espírito Santo como nosso ajudante, você pode escolher sair e fazer algo.

Como Jesus escolheu essas coisas, você e eu podemos escolher fazer o mesmo.

Apesar de minhas notas boas nas aulas de ciências no colégio, nunca adorei essa matéria. Ainda assim, algo me diz que, se eu voltasse àquelas aulas de biologia, química e ciências da Terra hoje, eu as amaria. Quanto mais vivo, mais desejo saber como tudo isso funciona. Quanto mais me aproximo de Deus, mais fascinada fico pelo design intrincado de nosso corpo e nossa mente.

Venha bancar a nerd comigo aqui um instante a respeito disto: cada pensamento importa.

Cada pensamento que você pensa importa *muito*.

Não estou falando aleatoriamente. Estou falando cientificamente.

Cientificamente falando, todo pensamento que pensamos *altera nosso cérebro*. Deixe-me explicar.

Dentro de seu cérebro há cerca de 86 bilhões de células nervosas, chamadas neurônios.[3] Se você está fazendo as contas, isso representa cerca de 0,2% das 37 trilhões de células de seu corpo. Dentro de cada um desses cerca de 86 bilhões de neurônios, há microtúbulos, cada um milhares de vezes menor em diâmetro do que um de seus fios de cabelo. Em outras palavras, muito pequeno para ser visto. Mas a falta de visibilidade ao olho humano não os torna menos importantes para a experiência humana. Eles fazem *toda* a diferença na forma como processamos a vida.

Os microtúbulos já foram chamados de "cérebro das células" e podem ser comparados a um conjunto de Lego em uma montagem livre.[4] É assim que os denomino, pelo menos quando meu filho ignora as instruções que vem com cada conjunto e prefere sentar-se com pilhas e mais pilhas de blocos coloridos à sua frente, confiando apenas em sua imaginação para saber como montar.

Digamos que você seja o construtor livre e decida montar uma árvore. Você pode pegar uma porção de blocos marrons para fazer o tronco e os galhos e, em seguida, alguns blocos verde-claro e verde-escuro para fazer as folhas. Digamos que, no meio da montagem, você mude de ideia e queira construir uma cerca. Bem, você continua com os blocos marrons, mas pode mudar o formato da construção — de um formato parecido com um tronco para longas ripas de uma cerca — e não precisará dos blocos verdes. Se no meio *dessa* montagem, você decidir que o que deseja realmente fazer é um robô, talvez descarte todos os blocos marrons, pegue uma porção de blocos cinza e comece do zero.

Dentro de seus neurônios, esses microtúbulos estão constantemente construindo, desconstruindo, reformando, desmanchando, ajustando, mudando, parando e recomeçando de acordo com — suspense! — cada um de seus pensamentos.[5]

A cada pensamento que você tem, os microtúbulos trabalham duro para oferecer uma armação mental para apoiá-lo. Essa armação dá estrutura para cada célula nervosa e altera seu cérebro no sentido mais verdadeiro.

Já está de queixo caído? Espere. Fica melhor.

Adivinhe quanto demora para um microtúbulo terminar a armação que dá estrutura à célula? Da criação à conclusão, qual seu palpite?

Dez. Minutos.

Não estou inventando isso.

Do momento em que você pensa algo até esse pensamento *alterar seu cérebro* fisiológica, científica e indiscutivelmente, passam-se 10 minutos.[6] Seu único pensamento melhorou alguns circuitos neurais e fez outros morrerem. Ele acordou alguns neurônios e permitiu que outros adormecessem. Construiu toda uma cidade microtubular em algumas partes de sua mente e transformou outras em cidades-fantasma.

Tudo com base em um simples pensamento.

Bem, há duas formas de interpretar essa informação que acabei de passar. Uma nos deixa aterrorizadas e angustiadas: *se eu pensar um único pensamento negativo, posso destruir todo meu cérebro em apenas 10 minutos?*

Acredito que isso seja *tecnicamente* verdade. Mas, antes que entre em desespero, vamos ver qual é a outra forma. Se você criou o hábito de ter pensamentos negativos, **está a apenas 10 minutos de um recomeço.**

Pegue o mapa mental que você criou no início deste livro. Seu mapa seria igual se mapeasse seus pensamentos hoje? Você observou os pensamentos que está tendo? Começou a interrompê-los ao lembrar que tem escolha? Suas espirais diminuíram em tamanho e quantidade?

Por meio de cada escolha positiva feita — escolher a quietude em vez da distração, por exemplo, ou a comunhão em vez do isolamento, ou a entrega em vez da ansiedade —, estamos nos treinando para usar a mente de Cristo que temos. Quanto mais fazemos essas escolhas positivas, mais a abordagem se torna um reflexo. Dissemos que, a princípio, essa mudança é *possível* por meio da interrupção consciente e deliberada de nossas espirais. Mas, conforme praticamos mais, a mudança se torna *provável*, depois *previsível* e, então, absolutamente *instintiva* para nós. Por fim, chegamos ao ponto em que nem percebemos que estamos interrompendo nossos pensamentos negativos para escolher o pensamento da mente de Cristo, porque o impulso está enraizado.

Comparo isso a abrir uma estrada na floresta. A princípio, o caminho é marcado por folhas amassadas em um solo pisoteado. Ao longo do tempo, a demanda por aquele caminho fará alguém vir e depositar cascalhos sobre a terra; em seguida, derramar cimento sobre aquele cascalho e, depois, colocar sinalizações de quilômetros e postes de luz em intervalos regulares ao longo do caminho. Por fim, o caminho estará tão demarcado que não fará sentido fazer outra rota. Esse caminho é simplesmente o caminho que você sempre pega. Esse caminho lhe manterá em sintonia com o Espírito de Deus. Esse caminho é o modo de entrega constante. É o modo de humildade abundante. É o modo de total confiança em Jesus, a cada passo, a todo momento.

Treinar-nos para pegar esse caminho em nosso pensamento é essencial porque, quando estamos sob pressão, estressadas e magoadas, a forma como treinamos é a forma como agimos.

Recentemente, falei para inúmeras garotas reunidas em um campo na Universidade Baylor. Ainda estou boquiaberta com o que aconteceu. Preguei sobre a declaração de Paulo em Romanos 8:1: "Portanto, agora já não há condenação para os que estão em Cristo Jesus." Por que estamos vivendo amarradas e definidas por nossos pecados quando a Bíblia nos diz que somos livres e não há condenação em Jesus?

Por que não vivemos como se fôssemos livres? Desafiei as meninas a simplesmente desabafarem suas lutas e trazerem à luz o inferno sombrio com o qual vinham lidando. Para minha surpresa, elas começaram, uma a uma, a ficar em pé. No meio do campus, elas se levantaram e desabafaram uma luta após a outra.

Isso continuou, até que todas estivessem em pé. Foi lindo. Pedi que se juntassem em grupos e orassem por cada uma das coisas que as impediam de ser livres, enquanto eu perguntava a Deus o que Ele queria lhes dizer em seguida. Foi então que uma estudante veio até mim e disse: "Acho que você deve dizer que isso já não tem poder sobre elas."

Entreguei o microfone a ela e disse: "Diga você a elas."

A voz dela ecoou pelo campo e foi além quando ela gritou: "A desonestidade não tem mais poder sobre mim! A desonestidade não tem mais poder sobre o campus da Baylor!"

Elas começaram a formar filas improvisadas dos dois lados do palco, e as alunas se revesavam para gritar no microfone que seu pecado e suas feridas não tinham mais poder sobre elas.

"O suicídio não tem mais poder sobre mim! O suicídio não tem mais poder sobre o campus da Baylor!"

"A pornografia não tem mais poder sobre mim! A pornografia não tem mais poder sobre o campus da Baylor!"

Eu nunca tinha visto nada igual! Elas não estavam apenas revelando seus últimos 2% publicamente; estavam, também, negando o poder do inimigo sobre elas.

Deus pode fazer esse tipo de conquista acontecer em qualquer lugar e com qualquer pessoa.

E essa vergonha? Esse medo? Essa dúvida?

Isso não tem mais poder sobre você!

Isso não tem mais poder sobre sua geração!

Então treinemos nossa mente para pensar sobre essa verdade.

A Mente Bem Treinada

Recentemente, conversei com um astronauta. Ele vai ao espaço de vez em quando e fica lá. Meu queixo caiu durante toda a nossa conversa. A realidade diária normal dele era *muito* legal.

Seu nome é Shane Kimbrough, e o que mais gostei nele foi o fato de ele ter medo de altura. Ou *costumava ter* medo de altura. (Alguém jamais consegue superar o medo de altura? Evidentemente, Shane conseguiu, porque a última vez que ele foi alocado para uma missão espacial, estava tão relaxado que *dormiu na plataforma de lançamento*. Não estou brincando. Seus colegas astronautas tiveram que cutucá-lo e dizer: "Ei. Shane. Estamos prestes a decolar, cara.")

Shane disse que ele passa toda sua vida em preparação para uma missão espacial, participando de uma missão espacial ou "relaxando" de uma missão, nas palavras dele. Perguntei como é uma missão; eis algumas coisas que ele disse.

Quando você está prestes a ser lançado no espaço, fica preso em uma cápsula acoplada a foguetes propulsores que chegarão a 28.200 quilômetros por hora rapidamente e o levarão ao espaço em 8 minutos e meio. Você chega ao espaço, olha para trás e vê o planeta Terra em toda sua glória — a grande bola redonda. Depois disso você trabalha turnos de 12 horas por dia, durante 10 dias consecutivos, coletando amostras, realizando experimentos, fazendo caminhadas — sabe, no espaço. Ao final do dia, você se retira em seu quarto à prova de som, que tem o tamanho de uma cabine telefônica, amarra-se à cama, para não flutuar a noite toda. Você olha pela janela e vê os oceanos, os continentes, a Lua e as estrelas antes de cair no sono.

Bem, não é apenas difícil para o corpo de um astronauta estar no espaço (em média, os astronautas perdem cerca de 1% de massa óssea a cada mês no espaço), como também é difícil para sua mente. Eles são afastados dos amigos, da família e da rotina mundana normal por dias — às vezes meses — a fio. Apesar dos maravilhosos aspectos de seu trabalho, eles sabem que a vida em casa continua sem eles. Eles podem se sentir isolados. As emoções podem se tornar trevas.

Shane me contou sobre uma missão prolongada de que ele participou ano passado, quando realmente teve que cuidar de sua mente. "Decolamos em setembro e deveríamos voltar para casa em meados de fevereiro. No final de janeiro, nossa tripulação recebeu notícias preocupantes do controle da missão. Por uma série de motivos, não retornaríamos até abril."

Isso não era igual a se atrasar uma hora para o jantar. Shane se atrasaria *dois meses.*

Ele estava pronto para estar em casa. Sua esposa e seus filhos estavam prontos para recebê-lo em casa. Toda a tripulação ansiava pela volta à casa deles. Ainda assim, eles não iriam para casa.

"Como você conseguiu lidar com isso?", perguntei a ele. Em resposta, ele disse quatro palavras que jamais esquecerei.

"Confiei em meu treinamento."

Shane *acreditava tanto* em seu trabalho, em sua missão de servir à humanidade, no fato de o controle da missão ter seus interesses em mente, na provisão fiel de Deus, que acontecesse o que fosse, ele era capaz de capturar os pensamentos que, de outra forma, o teriam prejudicado, e pensar em coisas mais úteis.

"Passei muitos anos aprendendo a ser um astronauta bem-sucedido", contou ele. "Acreditei no melhor, liguei para minha esposa e me ocupei em terminar minhas tarefas."

"Confiei em meu treinamento", disse-me Shane, palavras que permaneceram comigo por dias.

Não é fácil parar de acreditar em mentiras. Não conseguimos simplesmente nos reclinar e esperar que nossa mente se cure, que nossos pensamento mudem. Nós treinamos. É assim que a verdade obtém a vitória na batalha por nossa mente.

Enfiamos nossa cara na Bíblia todos os dias. Pode ser que você não entenda totalmente a verdade no dia 2, mas, no dia 102, ela tomará posse de sua mente e de seu coração.

Acordamos pela manhã e, em vez de ficarmos no celular, ficamos de joelhos e submetemos nossos pensamentos a Jesus.

Investimos em relacionamentos saudáveis e recorremos a eles intencionalmente quando começamos a nos descontrolar.

Escolhemos bem. Diariamente. A todo momento. Treinamos nossa mente. E assim que uma nova tentação de descontrole se apresenta, confiamos em nosso treinamento.

Pense em Quem Você Realmente É

Kate, minha filha de 16 anos, levantou os olhos de seu sushi e disse: "Mãe, minha mente está se descontrolando! Eu sei as respostas certas, mas preciso que você me lembre: Quem Jesus diz que sou?"

Dava para ver. Ela estava desesperada. Ela se sentia sozinha. Sua mente estava descontrolada há algum tempo, e ela não conseguia fazê-la parar. Ela precisava de mim para estender a mão, ajudá-la a pegar as rédeas e desacelerá-la.

Fiquei tão chocada com aquela jovem maravilhosa à minha frente que meio que voltei a vê-la como minha garotinha, agora totalmente crescida, em vez de uma mulher forte prestes a mudar o mundo. "Você é inteligente!", disse eu. "Você é vigorosa. E generosa, criativa e bonita —"

"Mãe", interrompeu Kate. "Não quero saber o que *você* diz a meu respeito. Quero saber o que *Jesus* diz."

Ah sim. Certo. É claro.

Visto que todo o restante é como correr atrás do vento, diz Eclesiastes.[7]

Nossa mente gira sem parar, geralmente acreditando em mentiras em busca de estabilidade. Mensagens se misturam; parece que não conseguimos mais nos situar na simples verdade do que significa amar Jesus e ser amado por Ele.

Se, assim como Kate, você precisa ser lembrada de quem Jesus diz que você é, posso colocar minha mão em seu rosto e lhe dizer novamente o que Ele diz sobre Si mesmo e sobre você?

Eu Sou o que Sou. *Êxodo 3:14*

Eu sou o Primeiro e o Último,
o Princípio e o Fim. *Apocalipse 22:13*

Eu sou luz, em mim não há treva alguma. *1 João 1:5*

Minha própria mão lançou os alicerces da Terra, e a minha mão direita estendeu os céus; quando os convoco, todos juntos se põem em pé. *Isaías 48:13*

Antes de formá-lo no ventre eu o escolhi. *Jeremias 1:5*

Eu os escolhi para irem e darem fruto, fruto que permaneça, a fim de que o Pai lhes conceda o que pedirem em meu nome. *João 15:16*

Sou eu aquele que apaga suas transgressões.
Não me lembrarei de seus pecados. *Isaías 43:25*

Aos que Me receberem, aos que crerem em Meu nome,
darei o direito de se tornarem filhos de Deus. *João 1:12*

Vocês não sabem que são santuário de Deus
e que o Espírito de Deus habita em vocês? *1 Coríntios 3:16*

Meu Espírito está em vocês. *Ezequiel 36:27*

Eu não os abandonarei. *Deuteronômio 31:8*

Eu os capacitarei para toda boa obra que planejei. *Hebreus 13:21*

Não lhes dei espírito de covardia,
mas de poder, de amor e de equilíbrio. *2 Timóteo 1:7*

Edificarei minha igreja sobre vocês,
e as portas do inferno não poderão vencê-la. *Mateus 16:18*

Eu os consolarei enquanto esperam. *Isaías 66:13*

Lembrarei você que tudo isso é real. *João 14:26*

Estou a caminho. *Apocalipse 3:11*

Meu amor constante dura para sempre. *Salmos 138:8*

Muito em breve…
Eu voltarei e os levarei para o lugar onde estou.
Hebreus 10:37; João 14:3

Vocês herdarão a Terra. *Salmos 25:13*

Vocês estarão Comigo.

Eu enxugarei de seus olhos todas as lágrimas, e não haverá mais morte. Vejam, estou fazendo novas todas as coisas.
Apocalipse 21:3–5

Meu reino está vindo.

Minha vontade será feita na Terra como é feita no céu.
Mateus 6:10

Deus declarou essas verdades sobre Si mesmo e sobre mim. Todas essas coisas são verdades para você e para qualquer um que ame e siga Jesus. É isso que somos devido a quem pertencemos. Fazemos nossas escolhas baseadas nessas verdades. Nosso Deus não muda e sempre cumpre Suas promessas.

16

Pensamentos Perigosos

HOJE, QUANDO PERCEBI QUANTO ESTAVA PERTO DE TERMINAR ESTE livro, convoquei uma dúzia de pessoas que me amam para orar. Posso jamais conhecê-la, mas me preocupo profundamente com sua liberdade. Espero que possa ler essa motivação em minhas palavras. Preocupo-me profundamente, porém, reconheço que a liberdade à qual me refiro só vem por meio da ação de Deus, de Seu Espírito, da intervenção divina d'Ele em sua vida.

Excluída daquela convocação de oração, minha amiga Jess, que não faz ideia do que estou fazendo hoje, acabou de me enviar uma mensagem. Ela não sabe que estou trabalhando neste momento em um capítulo sobre quão *contagiosa* nossa mente é e sobre como podemos influenciar, quando nos conformamos à mente de Cristo, todos ao nosso redor para um bem poderoso e quase indescritível. Ela não sabe das orações que estão sendo feitas, para que você seja *totalmente livre.*

Anexa ao texto dela veio uma foto de seu pai. Ele é um homem piedoso, um ótimo pai, um marido fiel. Também é um homem que tem problemas com abuso de substâncias.

Ele saiu de uma temporada na reabilitação há alguns meses e voltou com tudo para sua igreja e comunidade com uma *missão.* Depois que seu programa terminou, ele voltou e começou a liderar estudos bíblicos na clínica de reabilitação de onde havia acabado de sair.

A foto que Jess me enviou era de seis homens, todos de diferentes idades, etnias e interesses. Estavam todos sorridentes, sentados ao redor de uma mesa de jantar. Jess escreveu: "Meu pai acordou sábado pela manhã com a ideia de convidar seus amigos da reabilitação para jantar; então ele e minha mãe fizeram o convite e, algumas horas depois, todos apareceram. Minha família ainda está fragilizada, mas são essas coisas que me ajudam a ver que Deus realmente traz beleza das cinzas."

Somente Deus é capaz de pegar nossas partes mais quebradas e transformá-las em momentos positivos de esperança frente a uma mesa com hambúrgueres e salada de batatas. Somente Deus pode pegar aquilo que queremos esconder e construir a maior história que jamais contaremos. Somente Deus é capaz de transformar as pessoas que talvez tenhamos desprezado em nossas amigas, em nossos colaboradores e irmãos n'Ele.

Somente Deus.

Nosso Único Foco

Além do apóstolo Paulo e de Jesus, Pedro deve ser minha pessoa favorita na Bíblia. Meu amor por ele é profundo por dois motivos simples: primeiro, ele era um radical, um rebelde, um cara vivendo à flor da pele pelo Senhor, e gosto de pensar que tenho um pouco dessa paixão desvairada por Jesus correndo em minhas veias. Segundo porque Pedro é talvez mais conhecido pelos inacreditáveis erros que cometeu — uma realidade com a qual consigo me identificar. Ele era um pouco... superconfiante. Recordo-me de determinado incidente, quando ele disse a Jesus em Mateus 26 basicamente isto: "Como assim vou negá-lo? Isto é absurdo."

Isso foi, é claro, logo antes de Pedro negar Jesus não uma nem duas, mas três vezes.

Então é isso.

Em outros lugares das Escrituras, no entanto, Pedro foi um discípulo fervoroso, dedicado e fiel, alguém em quem Jesus podia depositar Sua confiança.

Atos 2 nos lembra que foi Pedro que, no Dia de Pentecostes, ficou perante as multidões e compartilhou a verdade, incitando milhares a seguirem Cristo, o que marcou o nascimento da igreja.

Mas a cena que mais aproxima meu coração ao de Pedro está registrada em Mateus 14. Imediatamente após a alimentação dos 5 mil, durante a qual Jesus, de alguma forma, multiplicou a marmita de um garoto para alimentar uma multidão de pessoas famintas, lemos que Jesus "insistiu com os discípulos para que entrassem no barco e fossem adiante dele para o outro lado, enquanto ele despedia as multidões".[1] Eis o que aconteceu a seguir:

> Tendo despedido as multidões, subiu sozinho a um monte para orar. Ao anoitecer, ele estava ali sozinho, mas o barco já estava a considerável distância da terra, fustigado pelas ondas, porque o vento soprava contra ele. Alta madrugada, Jesus dirigiu-se a eles, andando sobre o mar. Quando o viram andando sobre o mar, ficaram aterrorizados e disseram: "É um fantasma!" e gritaram de medo. Mas Jesus imediatamente lhes disse, "Coragem! Sou eu. Não tenham medo!"
>
> E Pedro respondeu, "Senhor, se és tu, manda-me ir ao teu encontro por sobre as águas". Ele disse, "Venha". Então Pedro saiu do barco, andando sobre as águas e foi na direção de Jesus. Mas quando reparou no vento, ficou com medo e, começando a afundar, gritou, "Senhor, salva-me". Imediatamente Jesus estendeu a mão e o segurou. E disse: "Homem de pequena fé, por que você duvidou?" Quando entraram no barco, o vento cessou. Então os que estavam no barco o adoraram, dizendo, "Verdadeiramente tu és o Filho de Deus".[2]

Essa imagem de Pedro com único foco na face de Cristo, dando passos de bebê sobre as ondas — não consigo parar de pensar nela. Foi essa cena que inspirou a parte 2 deste livro, na verdade — a ideia de que, independentemente do vento, da chuva, da incerteza e do medo, quando nossos olhos estão fixos em Jesus, viajamos *sobre,* e não sob, essas ondas. Quando desviamos dos pensamentos que nos distraem e escolhemos fixar nossos pensamentos determinadamente n'Ele, tudo muda!

Mas não foi a intensidade de Pedro ou sua força de vontade que o mantiveram flutuando; foi o objeto de seu olhar: a face de Jesus.

O inimigo está tentando atrapalhar sua determinação. Vencer é concentrar-se em Cristo. Se pensarmos em Cristo, se nos aproximarmos e formos consumidas por Ele, todo o restante se torna estranhamente fraco. Mas o inimigo quer que você se concentre em qualquer coisa, menos em Jesus.

Porque nos tornamos realmente perigosas ao sermos determinadas. É o que Pedro fez. Ele se exaltaria um pouco entre aquela lição na água e a ascensão de Jesus, mas haveria um tempo em que sua vida entraria em foco total. Suas espirais de presunção e ansiedade diminuiriam, e ele se voltaria completamente à sua missão.

Quando isso aconteceu, a igreja foi lançada à existência, milhares e milhares foram salvos e começaram a seguir Jesus, países foram evangelizados e gerações foram mudadas para sempre.

Sei que você pode estar pensando, *Jennie, isso é ótimo. Mas só preciso parar de ser tão ansiosa.* Eu sei. Mas parte de parar de se sentir ansiosa é encontrar um motivo completamente diferente pelo qual viver. Quando Cristo é nosso prêmio e o céu é nossa casa, ficamos menos ansiosas porque sabemos que nossa missão, esperança e nosso Deus não podem ser tirados de nós.

Uma Nova Forma de Pensar

Sabe, todo este livro se resume a: nossos pensamentos serem totalmente consumidos pela mente de Cristo. Isso importa porque, como vimos anteriormente, nossos pensamentos ditam nossas crenças, que ditam nossas ações, que formam nossos hábitos, que compõem a totalidade de nossa vida. Vivemos da forma como pensamos. Quando pensamos em Cristo, vivemos pelos fundamentos de Cristo, com o olhar fixo n'Ele. Vento? Que vento? Ondas? Que ondas? Pisamos. Andamos. *Conseguimos cruzar aquele mar.* Prisão? Tudo bem. A menos que os guardas possam ser salvos. Naufrágio? Hmmm, o.k. Aparentemente, Deus me quer aqui em vez de lá, para onde o barco estava indo.

Uma forma totalmente nova de pensar — esse é nosso objetivo aqui.

Faz mais de um ano que passei por aquela temporada de despertares indesejados às 3 da manhã. Mesmo que eu ainda acorde no meio da noite de vez em quando, a interrupção já não me enche de terror e medo. Longe disso! Durante essas madrugadas, agora experimento algo como a *paz*. Na verdade, em uma reviravolta totalmente redentora, Deus pegou a parte mais perturbadora e prejudicial de minha experiência diária e começou a usá-la para o bem. Não é exagero dizer que o grosso deste livro foi escrito entre 3 e 5 horas da manhã durante toda semana, o mês todo. A insônia deu lugar ao sagrado. Isso não é lindo?

> No escuro, minha mente costumava se perder, temendo não haver um bom lugar para pousar. Temendo que Deus não fosse real.
>
> Temendo que eu não estivesse segura.
>
> Temendo que não fosse vista.
>
> Temendo os dias vindouros.

Esses medos, eu aprenderia, eram mentira. Eu *era* vista. Eu *estava* segura. Deus *era* real.

Deus continua tão real hoje.

Mesmo agora, enquanto digito em minha cama, com meu marido dormindo ao meu lado, com a tela do computador acesa e meus dedos movendo-se tão lentamente em comparação a meus pensamentos acelerados, estou em casa. Em casa com Deus novamente. Ele me escolheu. Ele me escolheu e me separou. Não estou sozinha no escuro.

Eu sou conhecida.

Eu sou escolhida.

Eu estou segura.

Eu sou de Deus, e Ele é meu.

Então, vez após outra à noite, faço minha escolha. Escolho falar com Deus em vez de duvidar d'Ele. Escolho ser grata por tudo o que Ele fez. Escolho obedecê-Lo, independentemente de como esteja me sentindo.

Essa é minha espiral ascendente. Estou em paz. E quero isso para você tão desesperadamente. Quero que você viva livre e apresente Jesus aos outros.

Você Pode Ajudar a Virar o Jogo

Cheguei em casa uma tarde e encontrei Kate na cozinha com outra garota. "Mãe", disse ela, "esta é Rachel. Ela conheceu Jesus há algumas semanas e nunca teve uma Bíblia. Vou mostrar a ela algumas coisas na minha".

As meninas foram para o quarto de Kate e, cerca de uma hora depois, eu as ouvi conversando sobre as diferenças entre o Antigo e o Novo Testamento, entre os Evangelhos e as Epístolas, entre os Profetas Maiores e Menores. Pensei em todas as coisas que minha filha podia estar fazendo naquela tarde e agradeci a Deus por ela estar fazendo aquilo. Em Salmos 3:3, o salmista disse que Deus é "quem me faz andar de cabeça erguida", e essa imagem é exatamente o que me veio à mente quando vi Rachel interagindo com Kate. Eu não conhecia o contexto ou a história de Rachel, as lutas específicas para as quais ela foi feita. Mas ali, naquela cama, com uma Bíblia no colo, vi seus olhos cheios de uma nova esperança.

Ouvi recentemente um audiolivro sobre o poder de nossa mente. O autor tinha o seguinte a dizer:

> Quando você escolhe não pensar aquele pensamento negativo e o substitui, em vez disso, por um positivo, não está apenas mudando a própria realidade. Você está mudando a realidade de toda a espécie humana. Está contribuindo com a totalidade de bondade e compaixão no mundo. Está reforçando aquele novo campo de realidade... Está ajudando a transformá-la em uma força irresistível que muda o curso da história.[3]

Em outras palavras, todos temos mentes contagiosas.

Ser consumida pela mente de Jesus não pode nos parar. Essa é minha oração para todas nós. Se milhares de pessoas lerem este livro e começarem a mudar, essa forma de pensar pode se tornar contagiosa — e poderíamos ver gerações libertas.

Acredito que isso seja possível. Oro para que seja.

Persista, querida amiga. "Não se amoldem ao padrão deste mundo, mas transformem-se pela renovação da sua mente, para que sejam capazes de experimentar e comprovar a boa, agradável e perfeita vontade de Deus".[4]

Por quê? Por que isso importaria tanto — discernir a vontade de Deus? Porque Ele não está em busca apenas de sua liberdade. Ele preparou boas obras antecipadamente para você, de modo que muitas outras pessoas possam ser libertas.⁵

Quando levamos todo pensamento cativo e retomamos nossos padrões de pensamento das mentiras do inimigo, somos libertas para libertar outros. Que saibamos administrar bem nossa liberdade.

Deus, oro para que Você liberte esta leitora. Deus, em Seu poder, poderia nos ajudar a lutar contra o inimigo determinado a nos destruir e nos ajudar a lembrar que o poder de escolher um caminho diferente é nosso em Você?

Então nos ajude a entregar isso a um mundo sedento por uma nova forma de pensar e agir.

Em nome de Jesus, amém.

Notas

Capítulo 1

1. 2 Coríntios 10:5.
2. Romanos 12:1–2.
3. Aditi Nerurkar et al., "When Physicians Counsel About Stress: Results of a National Study", *JAMA Internal Medicine* 173, nº 1 (14 de janeiro de 2013): 76, https://jamanetwork.com/journals/jamainternalmedicine/fullarticle/1392494.
4. Dra. Caroline Leaf, *Switch On Your Brain: The Key to Peak Happiness, Thinking, and Health* (Grand Rapids, MI: Baker, 2015), 33. [Obra disponível em português com o título *Ative Seu Cérebro: O Segredo Para Ser Mais Feliz, Ter Mais Saúde e Pensar Melhor.*]
5. Romanos 12:2.
6. John Owen, *On Temptation and the Mortification of Sin in Believers* (Filadélfia: Presbyterian Board of Publication), 154. [Obra disponível em português com o título *A Mortificação do Pecado.*]
7. Dr. Caroline Leaf, *Switch on Your Brain Every Day: 365 Readings for Peak Happiness, Thinking, and Health* (Grand Rapids, MI: Baker, 2018), contracapa.

Capítulo 2

1. Efésios 1:4–5.
2. A. W. Tozer, *The Pursuit of God* (Camp Hill, PA: ChristianPublications, 1982), 103. [Obra disponível em português com o título *À Procura de Deus*]

Capítulo 3

1. Beth Moore, *Get Out of That Pit: Straight Talk About God's Deliverance* (Nashville: Thomas Nelson, 2007), 23, 49, 71 [Obra disponível em português com o título *Saia do Buraco: Uma Emocionante Jornada Rumo à Esperança.*]

Capítulo 4

1. Salmos 139:7–10.
2. Salmos 139:1–2.
3. Salmos 139:5.
4. Atos 9:17–18.
5. 1 Coríntios 2:14, 16.
6. "Mental Health Conditions", National Alliance on Mental Illness, www.nami.org/Learn-More/Mental-Health-Conditions.
7. Ênfase nossa.

Capítulo 5

1. Romanos 8:11.
2. 2 Coríntios 10:3–6.
3. 2 Coríntios 10:5–6, MSG.
4. 2 Coríntios 5:17.
5. Daniel J. Siegel, *Mind: A Journey to the Heart of Being Human* (Nova York: W. W. Norton, 2017), 179, 185, 266, www.psychalive.org/dr-daniel-siegel-neuroplasticity. [Obra disponível em português com o título *Mente Saudável: Uma Jornada Pessoal e Global Em Busca da Saúde e da Conexão Corpo e Mente.*]
6. Romanos 7:22–23.
7. Romanos 8:6–11.
8. Isaías 26:3, NVT.

Capítulo 6

1. Raj Raghunathan, "How Negative Is Your 'Mental Chatter'?", *Psychology Today*, 10 de outubro de 2013, www.psychologytoday.com/us/blog/sapient-nature/201310/how-negative-is-your-mental-chatter.
2. João 16:33, NVI.
3. 2 Pedro 1:3.
4. 2 Coríntios 10:6, MSG.
5. O mapeamento mental foi popularizado por Tony Buzan, e a aplicação aqui foi adaptada de Shainna Ali, "Mind Mapping: A Guide to Achieving Your Goals in 2018", ACA Member Blogs, American Counseling Association, 6 de dezembro de 2017, www.counseling.org/

news/aca-blogs/aca-member-blogs/aca-member-blogs/2017/12/06/mind-mapping-a-guide-to-achieving-your-goals-in-2018.
6. Mateus 6:33.
7. Mateus 22:37–39.

Capítulo 7

1. Gênesis 3:6, NVI.
2. 2 Samuel 11:2.
3. Lucas 1:38.
4. Lucas 22:42.
5. Provérbios 23:7, ARA.
6. Efésios 6:12.
7. Romanos 8:5–6.
8. 2 Coríntios 11:14.
9. Tiago 1:14–15; João 10:10.
10. Deuteronômio 20:3–4.

Capítulo 8

1. Salmos 46:10.
2. Salmos 139:2.
3. Gálatas 6:7–9.
4. Romanos 2:4.
5. Salmos 84:10, NVI.
6. Tiago 4:4–7.
7. Tiago 4:8.
8. Barbara Bradley Hagerty, "Prayer May Reshape Your Brain and Your Reality", NPR, 20 de maio de 2009, www.npr.org/templates/story/story.php?storyId=104310443.
9. Sam Black, *The Porn Circuit: Understand Your Brain and Break Porn Habits in 90 Days* (Owosso, MI: Covenant Eyes, 2019), 38, www.covenanteyes.com/resources/heres-your-copy-of-the-porn-circuit.
10. Cary Barbor, "The Science of Meditation", *Psychology Today*, 1 de maio de 2001, www.psychologytoday.com/us/articles/200105/the-science-meditation.
11. Alice G. Walton, "7 Ways Meditation Can Actually Change the Brain", *Forbes*, 9 de fevereiro de 2015, www.forbes.com/sites/aliceg

walton/2015/02/09/7-ways-meditation-can-actually-change-the-brain/#98deead14658.

12. Walton, "7 Ways."
13. Charles F. Stanley, "How to Meditate on Scripture", In Touch Ministries, 3 de agosto de 2015, www.intouch.org/Read/Blog/how-to-meditate-on-scripture.
14. Mateus 11:28–30.
15. Gálatas 5:16–26.
16. Para saber mais sobre a reestruturação cognitiva, veja Elizabeth Scott, "4 Steps to Shift Perspective and Change Everything", Verywell Mind, 28 de junho de 2019, www.verywellmind.com/cognitive-reframing-for-stress-management-3144872.
17. Poema de Rachel Landingham. Recebido com gratidão e usado com permissão.

Capítulo 9

1. Larry Crabb, *SoulTalk: The Language God Longs for Us to Speak* (Brentwood, TN: Integrity, 2003), 138.
2. Romanos 12:10; Romanos 12:16; 2 Coríntios 13:11; Gálatas 5:13; Efésios 4:32.
3. 1 João 1:7.
4. Matthew D. Lieberman, *Social: Why Our Brains Are Wired to Connect* (New York: Crown, 2013), 9.
5. Liz Miller, "Interpersonal Neurobiology: What Your Relationships Mean to Your Brain", Liz Miller Counseling, https://lizmillercounseling.com/2017/08/interpersonalneurobiology-relationships.
6. Amy Banks, "Humans Are Hardwired for Connection? Neurobiology 101 for Parents, Educators, Practitioners and the General Public", interview, Wellesley Centers for Women, 15 de setembro de 2010, www.wcwonline.org/2010/humans-are-hardwired-for-connection-neurobiology-101-for-parents-educators-practitioners-and-the-general-public.
7. "The Science of Love: See How Social Isolation and Loneliness Can Impact Our Health", Living Love Mindfulness Medicine, 21 de fevereiro 2017, https://livinglovecommunity.com/2017/02/21/science-love-see-social-isolation-loneliness-can-impact-health.
8. Filipenses 2:1–2.
9. Colossenses 3:12–16.

10. Amy Paturel, "Power in Numbers: Research Is Pinpointing the Factors That Make Group Therapy Successful", *Monitor on Psychology*, novembro de 2012, www.apa.org/monitor/2012/11/power.
11. Shelley E. Taylor et al., "Biobehavioral Responses to Stress in Females: Tend-and-Befriend, Not Fight-or-Flight", *Psychological Review* 107, nº 3 (2000): 418; Concordia University, "Poor Social Integration = Poor Health", *EurekAlert!*, 20 de janeiro de 2015, www.eurekalert.org/pub_releases/2015-01/cu-psi012015.php.
12. Brené Brown, Daring Greatly: *How the Courage to Be Vulnerable Transforms the Way We Live, Love, Parent, and Lead* (Nova York: Avery, 2012), 12. [Obra disponível em português com o título *A Coragem de Ser Imperfeito: Como Aceitar a Própria Vulnerabilidade, Vencer a Vergonha e Ousar Ser Quem Você É*.]
13. Efésios 5:13–14.
14. Salmos 32:3; Provérbios 28:13.
15. 1 Coríntios 11:1, NVI.
16. Eclesiastes 4:9–12.
17. Lucas 6:31.
18. Tiago 5:16.

Capítulo 10

1. Mateus 6:25–34.
2. Romanos 5:5.
3. Efésios 3:16.
4. Tim Newman, "Anxiety in the West: Is It on the Rise?", Medical News Today, 5 de setembro de 2018, www.medicalnewstoday.com/articles/322877.php.
5. Lucas 12:7, NTV.
6. Filipenses 4:6–8, NVI.
7. Don Joseph Goewey, "85% of What We Worry About Never Happens", Don Joseph Goewey, December 7, 2015, https://don josephgoewey.com/eighty-five-percent-of-worries-never-happen-2, citing data summarized in Robert L. Leahy, *The Worry Cure: Seven Steps to Stop Worry from Stopping You* (New York: Three Rivers, 2005), 18–19.
8. João 8:42–44.
9. Filipenses 1:21–22, NVI.
10. 2 Coríntios 12:9, NVI.
11. 1 Coríntios 10:13.

12. Hebreus 13:5-6.
13. Salmos 54:4.
14. Salmos 139:1-2.
15. 2 Pedro 1:3.
16. 1 João 3:1-2.
17. Gálatas 1:10.
18. 2 Coríntios 12:9-11.
19. Tiago 1:17, NVI.
20. Corrie ten Boom, The Hiding Place (Nova York: Bantam Books, 1974), 29. [Obra disponível em português com o título *O Refúgio Secreto*.]
21. 1 Pedro 5:7.
22. Lucas 12:27-28.

Capítulo 11

1. Brené Brown, *Daring Greatly: How the Courage to Be Vulnerable Transforms the Way We Live, Love, Parent, and Lead* (Nova York: Avery, 2015), 124. [Obra disponível em português com o título *A Coragem de Ser Imperfeito: Como Aceitar a Própria Vulnerabilidade, Vencer a Vergonha e Ousar Ser Quem Você É*.]
2. Paul K. Piff et al., "Awe, the Small Self, and Prosocial Behavior", *Journal of Personality and Social Psychology* 108, nº 6 (2015): 883, www.apa.org/pubs/journals/releases/psp-pspi0000018.pdf.
3. 2 Coríntios 3:16-18, MSG.
4. Romanos 8:28, NVI.
5. *Oxford English Dictionary Online*, s.v. "cynic", www.oed.com (shows a disposition to disbelieve in the sincerity or goodness of human motives and actions).*
6. Filipenses 4:4-9.
7. Clyde Kilby, citado em John Piper, *Taste and See: Savoring the Supremacy of God in All of Life* (Colorado Springs: Multnomah, 2005), 70.
8. Se você não viu esta filmagem, assista. Isso o deixará feliz. "Hurricane Harvey: Man Plays Piano in Flooded Texas Home", BBC, 31 de agosto de 2017, www.bbc.com/news/av/world-us-canada-41118462/hurricane-harvey-man-plays-piano-in-flooded-texas-home.
9. Salmos 19:1.

---

* [N. E.] A referência em português foi retirada do dicionário Dicio, disponível em www.dicio.com.br. A definição em inglês pode ser traduzida como: "Alguém que mostra disposição para não acreditar na sinceridade ou bondade dos motivos e das ações humanas".

10. Emily Perl Kingsley, "Welcome to Holland", National Down Syndrome Society, 1987, www.ndss.org/resources/a-parents-perspective.
11. Michiel van Elk et al., "The Neural Correlates of the Awe Experi- ence: Reduced Default Mode Network Activity During Feelings of Awe", *Human Brain Mapping*, 15 de agosto de 2019, https://pure.uva.nl/ws/files/37286954/Elk_et_al_2019_Human_Brain_Mapping.pdf.
12. Bruno Mars, "Grenade", por Bruno Mars et al., Doo-Wops & Hooligans, copyright © 2010, Elektra Entertainment Group.

Capítulo 12

1. Romanos 12:3, 10, NVI.
2. Andrew Murray, *Humility: The Beauty of Holiness*, 2ª edição, (Londres: James Nisbet, 1896), 7, 12, 13, 14, 68, 95. [Obra disponível em português com o título *Humildade: A Beleza da Santidade*.]
3. Murray, *Humility*, 47.
4. Gênesis 3:5.
5. Filipenses 2:5–8, NVI.
6. Carrie Steckl, "Are Compassion and Pride Mutually Exclusive?" American Addiction Centers Inc., www.mentalhelp.net/blogs/are-compassion-and-pride-mutually-exclusive.
7. Filipenses 3:7–11.
8. Mateus 16:24; 1 Pedro 4:13; Efésios 4:1–3, NVI.
9. Filipenses 2:5, NVI.
10. Filipenses 2:6–8.
11. Salmos 25:8–9; Provérbios 11:2; Provérbios 22:4; Mateus 6:3–4.
12. 2 Coríntios 12:9.
13. John B. Evans, citado em Harriet Rubin, "Success and Excess", *Fast Company*, 30 de setembro de 1998, www.fastcompany.com/35583/success-and-excess.
14. Murray, *Humility*, 47.
15. Charles Haddon Spurgeon, "Working Out What Is Worked In" (sermão, Metropolitan Tabernacle, Londres, 12 de julho de 1868), Spurgeon Center, www.spurgeon.org/resource-library/sermons/working-out-what-is-worked-in#flipbook.
16. *Tyndale Bible Dictionary*, s.v. "humility", editor Walter A. Elwell e Philip W. Comfort (Wheaton, IL: Tyndale, 2001), 618.
17. João 3:30.

18. Murray, *Humility*, 81.

Capítulo 13

1. Filipenses 1:3–6.
2. Isaías 41:10.
3. Alex Korb, "The Grateful Brain: The Neuroscience of Giving Thanks", *Psychology Today*, 20 de novembro de 2012, www.psychology today.com/us/blog/prefrontal-nudity/201211/the-grateful-brain.
4. Korb, "Grateful Brain."
5. Amy Morin, "7 Scientifically Proven Benefits of Gratitude", *Psychology Today*, 3 de abril de 2015, www.psychologytoday.com/us/blog/what-mentally-strong-people-dont-do/201504/7-scientifically-proven-benefits-gratitude.
6. 1 Tessalonicenses 5:16–18.
7. Atos 9:23, 29; 13:50; 14:5, 19; 15:5, 39; 16:22–23, 39; 17:5–7, 13–14, 18; 21:27–30; 22:24–25; 23:33–27:2; 27:41–28:1; 28:3–5, 14–16.
8. 2 Coríntios 11:24–26; Gálatas 2:11–14; 2 Timóteo 1:15; 4:10.
9. 1 Tessalonicenses 5:16–18.
10. Miquéias 6:8; Lucas 18:7; Provérbios 31:9.
11. Filipenses 1:12–14, 18–21.
12. Isaías 55:9.
13. C. S. Lewis, *Mere Christianity* (Nova York: HarperOne, 2001), 38. [Obra disponível em português com o título *Cristianismo Puro e Simples*.]
14. Romanos 5:3–5.

Capítulo 14

1. D. A. Carson, *For the Love of God: A Daily Companion for Discover- ing the Riches of God's Word*, vol. 2 (Wheaton, IL: Crossway Books, 1999), "January 23."
2. Colossenses 3:2.
3. Gálatas 5:13, NVI.
4. Lucas 12:35–36.
5. Lucas 12:37, ênfase nossa.
6. Atos 20:35.
7. Gênesis 1:28; Mateus 25:14–30; Colossenses 3:23–24.

8. Christopher Bergland, "3 Specific Ways That Helping Others Benefits Your Brain", *Psychology Today*, 21 de fevereiro de 2016, www.psychologytoday.com/us/blog/the-athletes-way/201602/3-specific-ways-helping-others-benefits-your-brain.
9. Janice Wood, "Having a Purpose in Life Linked to Better Sleep", *Psych Central*, 8 de agosto de 2018, https://psychcentral.com/news/2017/07/09/having-a-purpose-in-life-linked-to-better-sleep/122940.html; Kashmira Gander, "People with a Sense of Purpose Live Longer, Study Suggests", *Newsweek*, 24 de maio de 2019, https://www.newsweek.com/people-sense-purpose-live-longer-study-suggests-1433771.
10. Bergland, "3 Specific Ways."
11. Lucas 9:23, NVI.
12. Hebreus 12:1–2, NVI.
13. 2 Coríntios 3:18.
14. Hebreus 12:2–3, NVI.
15. Filipenses 2:3–5.
16. Marcos 10:45.

Capítulo 15

1. Filipenses 3:18–21, MSG.
2. Romanos 8:37.
3. James Randerson, "How Many Neurons Make a Human Brain? Billions Fewer Than We Thought", *Guardian*, 28 de fevereiro de 2012, www.theguardian.com/science/blog/2012/feb/28/how-many-neurons-human-brain.
4. Jon Lieff, "Are Microtubules the Brain of the Neuron", Searching for the Mind, 29 de novembro de 2015, http://jonlieffmd.com/blog/are-microtubules-the-brain-of-the-neuron.
5. Lieff, "Are Microtubules."
6. John McCrone, citado em Dawson Church, *The Genie in Your Genes: Epigenetic Medicine and the New Biology of Intention* (Santa Rosa, CA: Elite Books, 2007), 141.
7. Eclesiastes 1:14, NVI.

Capítulo 16

1. Mateus 14:22.
2. Mateus 14:23–33.

3. Dawson Church, *Mind to Matter: The Astonishing Science of How Your Brain Creates Material Reality* (Carlsbad, CA: Hay, 2018), edição Kindle, capítulo 7.
4. Romanos 12:2.
5. Efésios 2:10.

Projetos corporativos e edições personalizadas
dentro da sua estratégia de negócio. Já pensou nisso?

Coordenação de Eventos
Viviane Paiva
viviane@altabooks.com.br

Contato Comercial
vendas.corporativas@altabooks.com.br

A Alta Books tem criado experiências incríveis no meio corporativo. Com a crescente implementação da educação corporativa nas empresas, o livro entra como uma importante fonte de conhecimento. Com atendimento personalizado, conseguimos identificar as principais necessidades, e criar uma seleção de livros que podem ser utilizados de diversas maneiras, como por exemplo, para fortalecer relacionamento com suas equipes/ seus clientes. Você já utilizou o livro para alguma ação estratégica na sua empresa?

Entre em contato com nosso time para entender melhor as possibilidades de personalização e incentivo ao desenvolvimento pessoal e profissional.

PUBLIQUE SEU LIVRO

Publique seu livro com a Alta Books. Para mais informações envie um e-mail para: autoria@altabooks.com.br

CONHEÇA OUTROS LIVROS DA **ALTA BOOKS**

Todas as imagens são meramente ilustrativas.

/altabooks /alta-books /altabooks /altabooks

Este livro foi impresso nas oficinas gráficas da Editora Vozes Ltda.,
Rua Frei Luís, 100 – Petrópolis, RJ.